新訂版

マーケティング論

岡本　純・脇田弘久　編著

五絃舎

まえがき

　近年，消費者のライフスタイルの多様化，市場の成熟化や国際化の進展，インターネットの普及による購買行動の変化など，企業のマーケティング活動を取り巻く経済・社会的環境はドラスティックに変化してきている。それに対応するように，ＡＭＡによるマーケティングの定義も，1960年の「マーケティングとは，個人および組織目的を満足させる交換を創造するために，アイデア，製品，サービスを概念化し，価格づけ，販売促進，流通を計画し，実施するプロセスである」という4Pを中心とした概念から，2007年の「顧客，利害関係者，ステークホルダー，社会全体にとって価値のある提供物を創造・伝達・配達・交換するための活動，一連の制度プロセス」とした，変化するニーズを掴み，広範囲な関係者を含めた，社会におけるマーケティングの役割と責任に応えるように変化している。

　本書は，急激に変化する現代のマーケティングを確認しながら現代のマーケティングや新しいマーケティングに関する基礎的な理論や実践をまとめたものである。

　この考えに基づいて，第1章では，生産者から消費者へ財貨およびサービスを移転し市場拡大を意味するマーケティングは，アメリカ合衆国で誕生し，社会経済状況に照応し展開された研究であるとして，マーケティング概念を歴史的に，経済発展の中で如何なる変化をしてきたのかを述べた。第2章は，マーケティング戦略について述べた。経営者的視点を取り入れながら，世界市場の狭隘化の中で中核として機能したのが，長期的，競争的，創造的観点に立ったマーケティング戦略である。そして，マーケティング戦略を市場標的，マーケティング・ミックスから展開し，さらに戦略的マーケティングについても触

れた。　そして，第3章では，マーケティングを展開するために必要な情報の入手手段としてのマーケティング・リサーチ政策について，データの分類，サンプリング，調査計画の策定，データの収集方法および分析方法などについて基本的手順を述べるとともに，ソーシャルメディアを利用した調査手法も加えて概説した。第4章では，マーケティングの対象である商品やサービスを購入する消費者の行動を理解するために，消費者の購買意思決定過程やそれに影響を及ぼす要因，そして消費者の店舗選択について述べた。さらにインターネットの出現による購買行動の変化について検討した。また，社会や経済の変化に伴う近年の消費者の価値観の中で，倫理的消費について取り上げ，それに対する消費者の意識とマーケティングの対応について触れた。第5章では，製品概念を3層構造から明らかにするとともに，製品を消費財やサービス財，消費財と生産財などさまざまな角度から分類した。そして，新製品計画，既存製品の改良，製品ライフサイクル，製品ラインとミックス，ブランド，パッケージなどについて概説した。続く，第6章では，企業の経営的観点から自社製品を効率的に流通させるためにメーカーが行うマーケティング・チャネル政策について，チャネルの設計，チャネルの管理の基本的な方法について概説した。また，マーケティング・チャネル政策の今後の動向として，オムニ・チャネルの特徴について概説した。第7章では，コミュニケーションとプロモーションの関係について考察するとともに，プロモーションの構成要素である広告，人的販売，パブリシティ，セールス・プロモーションについて，今日的な状況を踏まえその内容を検討した。さらにそれらの構成要素の組み合わせであるプロモーション・ミックスの展開について，製品ライフサイクル等の視座からも考察を行った。第8章では，世界的な視野を睨んでグローバル・マーケティング活動について，企業活動の国際化・グローバル化について，国際マーケティングの観点から概説している。この章では，その重要性や国内マーケティングとは異なる外部環境の重要性に触れるとともに，国際マーケティング・ミックスの構成要素について述べた。第9章では，サービスの意義とその基本特性を踏まえ，エクスターナル，インターナル，エンカウンターの3つのマーケテ

ィングからなるサービス・マーケティングの枠組みについて検討した。さらに，サービスの品質に焦点を当てるとともに，製品（Product），価格（Price），立地・チャネル（Place），販売促進（Promotion），人（People），物的環境要素（Physical evidence），提供過程（Process）の 7P から構成されるサービス・マーケティングミックスについて考察している。

　本書の執筆者のそれぞれは，愛知学院大学大学院商学研究科客員教授の尾碕眞先生からの公私にわたるご指導・ご教授のもと研究活動を続けているメンバーである。このたび，新訂版として発行するに際し，改めて先生に感謝申し上げ，本書を捧げたいと考えている。

　本書新訂版の編集にあたって，データの差し替えや用語の統一等を行い，執筆者の展開を尊重し修正，加筆など手を加えてはいないことから，取り上げるべき論点，課題等の不十分性はあるが今後一層研鑽，推敲を重ね，より充実した内容のものとしていきたいと考えている。

　最後に，本書出版にあたり，快くお引き受けいただきご尽力いただいた五絃舎社長，長谷雅春氏のご厚意に心からお礼を申し上げる次第である。

　2020 年 3 月 20 日

岡本　純

目　　次

第1章　マーケティングの展開と概念

第1節　経済の発展とマーケティングの展開

　生産者から消費者へ財貨およびサービスを移転し，市場拡大を意味するマーケティングという用語は，アメリカにおいて，1902年に誕生したといわれる[1]。

　マーケティングの概念は，歴史的であり，経済の発展とともに変化し，その社会経済的状況に照応している。経済の発展は生産技術を変革し，生産量を増加させ，製品の質を向上する。他方，企業は対市場活動を強め，企業間競争は激化する。この経済発展を時代区分し，その特徴をみたい[2]。

　そこで，アメリカにおける生産状況の段階を，1. 生産過少の時代，2. 生産消費均衡の時代，3. 生産過剰の時代に分け，経済的発展を中心として，各段階における概念の変遷についてみることにする。

1.　生産過少の時代

　生産形態は，外燃（蒸気）機関による機械化と分業であるが，作業移動や仕事の細部はまだ手作業が中心であり，製品の品質は一定ではなく，需要に対し生産量も過小の時代で，南北戦争後，19世紀後半から第1次世界大戦後の頃までをいう。

　1910年代まで，市場は売り手の時代であった。経済の成長，人口の増加に伴う消費者欲求や消費購買力の増大に対し，製品はまだ比較的少なく，産業革命の機械化による大量生産も，需要に対し供給不足であり，作れば売れた。当然，生産力向上に中心がおかれ，いかに製品を増産するかが課題であった。いわゆる生産過小の時代である。製造業者は，ただ製品の増加に専念するだけで，

自己製品の販売は商人に任せて問題はなかった。この 1910 年から 1920 年頃までの期間が生産過小の時代である。

　製品の生産性向上と品質の安定化のため，F.W. テーラーは生産過程の標準化を進める科学的管理法を提唱している[3]。

　この時代の終わりには，機械化が進み手作業の割合が減少し，生産能率は向上した。ところが，生産性の向上は製品を増加させたが，製品の流通面に課題が起き，競争と市場問題が激化した。A.W. ショウ（Arch W. Shaw）は『若干の市場問題』にてマネジリアル・マーケティングを見据えた企業的観点から市場を分析している[4]。ショウの研究からもアメリカにおけるマーケティング研究の開始期は 1910 年代といえよう。

2. 生産消費均衡の時代

　1910 年代後半には，生産技術，生産能率の向上によって，多くの製品の供給は需要に追いつき始め，1920 年代に入ると，製品の供給量と需要量とが均衡したのである。フォード・システムによる大量生産システムの発達は，生産力が向上し，製品を販売するため市場対応を必要とした。そこで製品販売への努力を余儀なくされた[5]。

　1920 年代は生産消費均衡の時代である。ところで，生産と消費の均衡とは，理論的には社会的総生産力と社会的総消費とが均衡し，生産と消費とが社会的には一致している状態をいう。このために，製造業者は，自ら直接に製品の販売を推進する必要に迫られた。市場への対応としては，広告，人的販売などを中心とする強引な高圧マーケティングを行った。大量生産方式のもと，標準化，単純化された製品を狭隘化した市場に売り込んだのである。

　したがって，これまでの生産力を増強することから大量生産品をいかにして売るのかを考えなければならなくなり，生産志向から販売志向の段階へ移ったといえる。

3.　生産過剰の時代

　機械化と流れ作業による生産性の向上は生産過剰が生じ市場の狭隘化と競争を激化させた。この生産力のとどまることを知らない発展は，1929 年秋の大恐慌勃発にはじまる不況の 1930 年代を迎えた [6]。生産状態は，生産消費均衡の時代から，生産過剰時代へ入ったのである。生産過剰とは，生産者から消費者への製品の流れが阻止され，生産部門に生じる製品の停滞をいう。消費の低迷が，生産者から消費者への製品の移動を阻止し，両者の不適合を生み出す。

　ここに，製品は製品部門に停滞し，いわゆる過剰生産と過剰在庫の状態をもたらした。したがって，製品を消費者に販売するという単なる物理的取扱では大量生産された商品の販売は困難になったのである。

　1930 年代は，売り手市場から買い手市場へと変化し，作ることから，売ることに最大努力するという販売難の時代となった [7]。

　こうした状況のもとで，製造業者はこれまでの高圧的販売に限界を感じ，売れる製品を生産すべきことを模索した。

　このように，1930 年代にはマーケティングに重要な変化と特徴がみられるのである。これは 1920 年代の高圧マーケティングから 1930 年代の低圧マーケティングへの変化を余儀なくされた [8]。この変化は，消費者は王様であるという理念を念頭に置かねばならなかったである。この段階で，消費者を理解するための市場調査と消費者が購入したいものを揃えるマーチャンダイジング（商品計画）が重視された。従来，生産過程の外で行われていた市場対応を生産過程に取り込み，中心課題としなければならなくなり，市場対応が企業の全体計画を支配するようになってきたのである [9]。

　1920 年代，製造業者は，広告，人的販売などに巨大な費用を投入し，大量生産された製品を消費者に販売した。それは誇大広告や虚偽広告などによる高圧広告，強引なセールスマンの増加による戸別訪問販売を中心とした高圧人的販売の時代であった。

　この高圧的方法は，それなりにある程度の効果をもたらしたが，1930 年代の不況にあえぐ購買力なき消費者に無理やり売りつけていくことは困難で問題

を生じた。この点から製造業者は，市場調査を重視し，消費者の意向と，企業の生産するものとの調整が，消費を向上する上に大きな役割を果たすことが認識された⁽¹⁰⁾。従来の勘や経験にたよるだけでなく，科学的な市場調査の結果に基づいて，マーチャンダイジングを推進した。

その後アメリカ経済は，第2次世界大戦と戦後期の混乱を経過し，1940年代後半から50年代を迎え，更なる技術革新によって生産効率が向上した。他方，消費者の所得水準の上昇，消費者意識の変化，マス・コミュニケーション媒体の発達などによる消費パターンの変化がみられるようになった。経済構造は，いわゆる独占的競争，とりわけ寡占の状態と変化したのである。

このような，独占的競争の時代に入ると，企業は消費者のニーズ，欲求を調査・分析して，製品を計画し，製品化した。それに適正な価格決定を行い，効果的なマーケティング経路を選定し，さらに広告，人的販売，販売促進など，を駆使して，消費者の需要を喚起し購買させた。さらに製品を消費者が保有しても，その商品が満足を与えているのかを確かめ，製品の品質保証，修繕サービスなどを行い，製品に対し責務を果たしたのである。この時代の企業経営の中心理念は消費者志向といえよう。

これまでの生産から始まり，消費者が購買して終わるという考え方から大きく変化した。それは前述のように消費者ニーズから始まり，それを製品計画し，製品が生産され，消費者の手元に届き，その製品が消費者を満足させているのかどうかを生産者は確かめ，さらに満足している，満足してはいないという消費者情報を入手し，それを製品計画にフィードバックし消費者が望む満足する製品に改良するのである。

つまり，マーケティングは，消費者から出発し，生産者と消費者間で循環するという，消費者満足重視の理念となったのである。

ところで，1960年代後半から1970年代を迎えると，コンシューマリズム，スタグフレーション，自然資源やエネルギーの不足問題，公害問題が起こり社会問題化した。また消費者のライフ・スタイル変化，消費者意識の多様化などにより，企業は諸環境への多様な適応，質的な転換を迫られた。

　資源は，無限ではなく，有限と考えられアメリカ経済は，宇宙船地球号の時代へ転換した[11]。1973年の石油不足が，資源の危機となり，多くの産業，さらに消費者の消費パターンにも大きな影響を及ぼした。このため，企業は，環境的，社会的，エコロジカルな問題が関心事となり，マーケティング活動をすることになった。

　この時代は，マーケティングの社会的志向の段階で，消費者・市民のニーズと欲求に適合した売るべきものをいかに生産するかが企業経営の理念となる。

　いいかえると企業は，単に消費者のニーズと欲求を十分充足しうる商品だけではなく，有害，安全性，リサイクリング，省資源，省エネルギーなど社会を考慮した商品，社会利益貢献商品を生産し，販売することが要求された[12]。

　したがって，企業は，消費者ならびに社会の満足，利益に貢献しなければならなくなった。

　1980年代に入ると地球温暖化など地球規模の環境問題が生じ，危機意識が高まり，1970年代の公害環境問題から地球環境問題へと移行した[13]。地球環境問題対応するため循環型社会への移行である[14]。それは，原料―生産―流通―消費―廃棄に対してシステム的に環境対応することであり，社会全体が環境問題解決を推進するのである。マーケティングもこの循環型社会に対応しなければならないだろう[15]。

第2節　マーケティングの概念

　マーケティングの定義は，AMA（アメリカ・マーケティング協会）が示したものが一般的である。AMAは，1935年に定義後，1948年，1960年，1985年，2004年，2007年と再検討がなされた。48, 85年は再定義，60年は48年の定義に添付説明としてミクロ的視点が加えられた[16]。以下，35年から07年までの定義を簡単に検討したい。

　35年の定義は「生産と消費間の財とサービスの流れに関連する諸事業活動である」である。これは，AMAの前身，NAMT（全国マーケティング教師教

会）が31年に定義委員会を組織し2年後にまとめたものを，35年に発足した AMA が追認したものである[17]。

48年に改訂された定義は「生産者から消費者・使用者に財およびサービスの流れを方向づける種々の事業活動の遂行」である。35年の定義は生産と消費間という配給的視点による見方をしているが，48年定義は，企業経営視点による見方をしている。

85年の改訂定義は「マーケティングとは，個人および組織の目標を満足させる交換を創造するために，アイデア，財，サービスの概念形成，価格設定，販売促進，および流通を計画し，執行する過程」としている。この定義から企業経営的観点を直接みることはできないが，「交換を創造する」は価値実現の遂行と読むことができよう。これは，経済動向を左右する消費者心理の観点から，生産過程による価値創造よりも，価値実現を重視したといえる。さらに，マーケティング技術について「アイデア，財，サービスの概念形成，価格設定，販売促進，および流通を計画し，執行する過程」と述べ，経営管理的枠組みを明示している。また「個人および組織」は，企業という営利組織のみでなく，非営利組織を含めた，組織一般を示している。

このようにマーケティングの概念を拡大した最大の理由は，1970年代の歴史の中に内包されている。当時，資本主義の高度成長は限界点に達し，宇宙船地球号という言葉で示されるように資源の有限性，公害問題・環境問題が社会問題化していた。このような議論が一般化し，マーケティングは営利に傾斜し環境問題などを考慮していないという批判が生じた。それを回避するため，交換概念の拡大と非営利組織運営を打ち出し強調したといえよう。

また，この時期に非営利組織の教育産業（大学）や宗教（教会）の組織維持が大問題となり，マーケティングの交換概念を拡大した適用が進展した。

この85年定義に対して「近年のマーケティングの多様化を反映した」[18]という肯定的意見や「企業の対市場活動としての基本を軽視」[19]しているという批判があった。

2004年は「マーケティングとは，一つの組織機能であり，一連の過程であ

る，その目的は，顧客に価値を創造し，伝達し，引き渡すことであり，組織と
そのステークホルダー（利害関係者）に便益を与えるような方法で顧客との関
係性を管理することである」とし，マーケティングは組織機能と一連の過程と
し，顧客に価値創造と伝達，引き渡し，組織に関連する関係者との関係性を述
べている。ステークホルダーを関わらせた意味は大きい。

　ところが，2007年にマーケティングとは，「活動，制度の集合，および過
程である。その目的は，広く顧客，取引先，パートナー，および社会にとっ
て価値ある提供物を創造し，伝達し，引き渡し，交換することである」とし
2004年のステークホルダーの考え方を超え，さらに顧客，取引先，パートナー，
さらに社会まで含めている。2004年には交換が消去されたが2007年は明記
されている。

　ところで，1960年のAMAの定義後，　マッカーシー（E. Jerome McCarthy）は，
A.M.A.の定義を受け入れながら，「顧客を満足させるため，また会社の目的を
達成するために」[20]と若干つけ加えている。ケリー（Eugene J. Kelley）[21]，ベ
ル（Martin L. Bell）[22]も，マーケティングは，顧客の欲求充足へ導く戦略的な計
画を開発するために設計された経営諸活動の統合システムである[23]と定義して
いる。

　さらに，スタントン（William J. Stanton）は経営諸活動の全体システム（total
system）である[24]と定義づけている。

　これらのマーケティング定義は，マーケティングをミクロ的な観点から捉
え，したがって企業経営者としての意思決定，戦略が重視される。さらに，マ
ッカーシーは，マーケティングを「企業そのものである全体システムを等位関
係におく力」[25]として捉え，ベル，スタントンの定義でも，企業行動の全体
システムは顧客志向であるべきで，マーケティングが1つの動態的な経営過程，
つまり統合された全体システムであるとして，マーケティングをシステムとし
て捉えられる。

　次に，コトラー（Philip Kotler）は「交換過程を通してニーズ（必要性）とウ
ォンツ（欲求）を満たすことを意図する人間の活動」[26]とマーケティングを

規定している。コトラーは，AMA の 85 年定義同様にニーズ（必要性）とウォンツ（欲求）を満たす交換創造を主張している。1969 年にコトラーらは非営利組織等のマーケティングの必要性を発表している[27]。

橋本勲はコトラー等と異なり「独占資本の市場獲得の技術」[28] と定義し，巨大企業が市場を獲得するための技術と営利組織にマーケティング概念を限定している。

ところが，1960 年後半から 1970 年代を迎え，コンシューマリズム，都市過密，交通渋滞，大気汚染，水質汚濁，振動・騒音，資源・エネルギーの枯渇，消費者ライフ・スタイルの変化などが起こり，これらの環境変化が，マーケティングの概念（concept of marketing）の拡張を要請するようになった。1969 年に，コトラー（Philip Kotler）とレビィ（Sidney J. Levy）は，マーケティング概念が，先に述べたように営利組織だけでなく，教会，政党，大学，政府公共組織，社会運動団体などの非営利組織の活動をも含むように拡張されるべきであると主張した[29]。つまり，マーケティングに横たわる中心概念は，交換であり，交換は，取引[30] を通じて人間の欲望を充足させる過程である。交換を媒介する製品は，単に有形な製品だけでなく，サービス，人，組織，場所，アイデア，主張など種々な形態をとり，交換対象になり，人間の欲望を充足できるものすべてである。

したがって，コトラーは，「マーケティングとは，交換過程を通じてニーズと欲求を満足させることに向けられた人間活動である」[31] と定義づけている。

マッカーシーは，前述のミクロ的定義を下す一方で，コンシューマリズムへの関心の高まりにつれて，マクロ水準から定義する必要があるとし，次のように提唱している。すなわち，「マーケティングは，生産者から消費者への財貨とサービスの経済的な流れの方向を定め，社会の目的を達成するであろう効率的（資源の活用という点で）かつ公正な（すべての関係当事者への生産物の流通という点で）システムを設計することにかかわるものである。」[32] このように，マッカーシーは，マーケティングのマクロ的定義では社会の目的を，ミクロ的定義では企業の目的を強調している。

以上のように，マーケティングは，マクロ的ならびにミクロ的な観点によっ

て種々定義されているが，以下の点で共通している。すなわち，「(1) 交換概念が中心テーマとなっていること，(2) マクロ的定義では，社会が中心点におかれ，社会の目的が重視されていること，(3) ミクロ的定義では，企業の目的，顧客のニーズと欲求を充足させる概念がとくに重要であること」[33]。

　ところで，グワイナー（Robert F. Gwinner）らは，上述のマーケティング定義が，マーケティング過程における環境の重要性に触れていないと定義している[34]。

　加藤勇夫は，マーケティングのマクロ的ならびにミクロ的な定義を，暫定的とし，マクロ的な定義「マーケティングは，マーケティング諸環境の制約と機会のもとで，生産者から消費者または使用者への製品とサービスの流れを経済的（効率的）に，しかも社会的責任ある方法で促進し，それを通じて人々のよりよい生活の質（quality of life）を社会に対し創造し，引き渡すことである。」と述べ，つづいて，ミクロ的な定義として「マーケティングは，マーケティング諸環境の制約と機会のもとで，適正な利益水準で消費者・市民のニーズと欲求を創造的，システマティックに最大限充足させるため，また組織の目的を達成するために，生産者から消費者または使用者への製品とサービスの流れを方向づける統合された経営諸活動の全体システムである。」[35] としている。

　上記のように論者によって主張点は異なり，その時代を明示しているといえよう。

　したがって，それぞれ概念規定が違うものの，需要創造がマーケティングの本質であることが読み取れよう。

注

(1) R. バーテルズによればミシガン大学 "Distributive and Regulative Industries of the United States" コースの 1902 年講義要項のなかに「財貨をマーケティングする種々な方法」という用語が用いられている（Robert Bartels, *The Development of Marketing Thought*, Richard D. Irwin, Inc.,1962, p.33.）。

(2) 加藤勇夫『マーケティング・アプローチ論―その展開と分析』（増補版），白桃書房，1982 年。橋本勲『現代マーケティング論』新評論，1973 年，橋本勲『マーケ,

ティングの成立と展開』ミネルヴァ書房，1975 年。三浦信『マーケティングの構造』
ミネルヴァ書房，1977 年。森下二次也『マーケティング論の体系と方法』千倉書房，
1993 年。小原博『マーケティング生成史論』税務経理協会，1987 年。

　　本章は加藤勇夫，橋本勲の著書を中心参考文献として展開した。

(3) F.W. テーラー，管理の「第 1 目標は賃金を高くし同時に工費を下げること」と
述べている。F.W.Taylor, *Shop management*,1903, p.63. Taylor's Testimony
Before the Special House Comnittee. 上野陽一訳『科学的管理法』産能大学出版部，
1990 年，p.352。

　　テイラーは単なる生産性の向上を述べたものではなく，品質の高い製品による付加
価値を付け，賃金を高くし，品質向上の組織化，標準化を進め工程を統制し，工費の
引き下げを行うこと主張している。製品の質の不均等の時代に，品質向上による質の
高い製品生産と工程統制は，現在のコストコントロール，コストリーダーシップの考
え方であり，先取りと評価できよう。尾碕眞『経営の組織と情報管理』中部日本教育
文化会，1994 年，pp.14-15。

(4) A.W. ショウ（Arch W. Shaw）の論文 "Some Problems in Market Distribution"
(*Quarterly Journal of Economics*, Vol. 26, August 1912)

　　市場は限界があり，その拡大は既存市場の開拓であり，マーケティング諸活動の必
要を提唱している。橋本勲『マーケティングの成立と展開』ミネルヴァ書房，1975
年に詳しく述べられている。また，訳本として，伊藤康雄・水野裕正，文眞堂，1975 年，
丹下博文，白桃書房，1992 年がある。

(5) 従来，独立商人に製品の販売を依存していた大規模な製造業者，その購買を依存して
いた農業者，中小製造業者，消費者は，ようやく商人の行動に不満と非合理性を自覚
しはじめた。ここに農工商の区別を止揚した配給組織体説が起こってきた。鈴木保良
稿「流通経済の発展とマーケティングの現代的性格」慶応義塾大学商学会『三田商学研究』
第 10 巻第 2 号，1967 年，p.15。

(6) ニュー・ディール政策（New Deal Policy）の総合的効果によって，34 年以降に
は多少とも市場回復にむかった。しかし，37 年後半には再び恐慌に襲われ，消費水
準は，30 年代を通じて，ついに 20 年代の水準にまで復帰できなかった（橋本勲，
前掲稿，p.17）。

(7) 森下二次也稿「Managerial Marketing の現代的性格について」大阪市立大学商学
部『経営研究』第 40 号，昭和 34 年，pp.23-24。

(8) 森下二次也，前掲稿，p.24。

(9) 岩永忠康「マーケティングの概念」岩永忠康編著『マーケティングの理論と戦略』
五絃舎，2015 年，p.14。

(10)　岩永，同上，p.14。

(11)　Kenneth E. Boulding, *Beyond Economics*, The University of Michigan,1968; 公文俊平訳『経済学を越えて』竹内書店，1970 年。

(12)　出牛正芳『マーケティング管理論』白桃書房，1977 年，pp.91-92。

(13)　脇田弘久「地球環境型社会とマーケティング」加藤勇夫・宝多国広・尾碕眞『現代のマーケティング論』ナカニシヤ出版，2006 年，p.181。

(14)　脇田，同上，p.184。

(15)　脇田，同上，p.184。

(16)　American Marketing Association, Definitions Committee Reports, *Journal of Marketing*, Vol.13(October 1948), p.209. なお，この定義は，1960 年の第 3 回報告書でもそのまま踏襲されている（American Marketing Association, Committee on Definitions, *Marketing Definitions :A Glossary of Marketing Terms*,1960, p.15.）。

(17)　National Association of Marketing Teachers（American Marketing Association の前身），Committee on Definitions, 1935.

(18)　木綿良行「マーケティングの歴史とその概念」，木綿良行・懸田豊・三村優美子『現代マーケティング論』＜有斐閣ブックス＞有斐閣，1990 年，p.11。

(19)　保田芳昭「マーケティングとは何か」『マーケティング論』大月書店，1992 年，p.7。

(20)　E. Jerome McCarthy, *Basic Marketing:A Managerial Approach*, Rev. ed., Richard D. Irwin,Inc., 1964, p.16.

(21)　ケリー（Eugene J. Kelley）は，「マーケティングは，顧客の満足しうる財貨およびサービスの流通を通じて市場の誘発ならびに顧客の満足にたずさわる諸活動からなり，それは，生産から消費への財貨およびサービスの流れを開発し，移転するために必要な企業の課業を含む」と定義している。Eugene J. Kelley, *Marketing : Strategy and Functions*, Prentice-Hall, Inc., 1965, p.1.（村田昭治訳『マーケティング：戦略と機能』ダイヤモンド社，1973 年，p.5 参照）。

(22)　ベル（Martin L. Bell）によれば，「マーケティングは，顧客に満足を与えるであろう利益造出計画に企業努力を適用することを戦略的に計画し，実施し，統制する経営者の課業―あらゆる経営活動（製造，財務，販売を含む）を統一された行動システムに統合することを意味する課業」としている。

　Martin L. Bell, *Marketing:Concepts and Strategy*, Houghton Mifflin Company, 1966, p.22.

(23)　*Ibid.*, 2nd ed., 1972, p.31.

(24)　スタントン（William J. Stanton）は，「マーケティングとは，顕在的，潜在的な顧

客のために欲求を充足させる製品およびサービスを計画し，価格づけ，プロモーション活動を行い，流通させるために設計された相互に作用する経営諸活動の全体システム (total system) である」と定義した。William, J. Stanton, *Fundamentals of Marketing*, 2nd ed., 1964, p.5.；do., 5th ed., 1978, p.5.

(25) マッカーシーは全体システムを等位関係と位置づけている。E.Jerome McCarthy, *op.cit.*, 3rd ed., 1968, p.10.

(26) コトラー『マーケティング・マネジメント』プレジデント社，1987年，11 ページ。Philip Kotler, *Marketing Management:Analysis, Planning, and Control*, Prentice-Hall Inc., 1980.

(27) Philip Kotler and Sidney J. Levy,"Broadening the Concept of Marketing", *Journal of Marketing*, Vol.33, No.1., pp.10-15.

(28) 橋本勲『現代マーケティング論』新評論，1973年，p.17。

(29) Robert F. Gwinner, Stephen W.Brown, Alfred J. Hagan, Lonnie L.Ostrom, Kenneth L., Rowe, John L., Schlacter, Alfred H. Schmidt, and David L. Shrock, *Marketing : An Environmental Perspective*, West Publishing Company, 1977, p.23.

(30) コトラーによれば，「取引とは，2人の当事者間での価値の交換である。」交換されたものは，経済財，サービス，代金のみならず，時間，エネルギー，感情などの他の価値物をも含む。(Philip Kotler, "A Generic Concept of Marketing," *Journal of Marketing*, Vol.36, April 1972, p.48)。

(31) Philip Kotler, *Marketing Management : Analysis, Planning, and Control*, 3rd ed., Prentice-Hall,Inc., 1976, p.5.

(32) E. Jerome McCarthy, *op.cit.*, 4th ed., 1971, p.19.

(33) 加藤勇夫『マーケティング・アプローチ論―その展開と分析―』(増補版)，白桃書房，1982年，p.15。

(34) マクロ的定義「マーケティングは，マーケティング諸環境による制約状況のもとで，経済財およびサービスの有効かつ能率的な流通を通じてのぞましい生活水準を社会に対し創造し，引き渡すことにかかわるものである。」，ミクロ的定義「マーケティングは，マーケティング諸環境による制約状況のもとで，組織の製品とサービスの能率的なかつ有効な流通を通じて顧客のニーズの充足と組織のマーケティング目的の達成にかかわるものである。」加藤，同上書，p.15。Robert F. Gwinner, Stephen W. Brown, Alfred J. Hagan, Lonnie L.Ostrom, Kenneth L. Rowe, John L. Schlacter, Alfred H. Schmidt, and David L. Shrock, *Marketing : An Environmental Perspective*, West Publishing Company, 1977, p.23.

　加藤勇夫は，これらの定義には，3つの重要な意味あいがみられる。すなわち，(1)

マーケティング諸活動は諸環境の制約のもとで行われるという観念を重視している。(2)マーケティングのマクロ的ならびにミクロ的水準間の明確な区分を行っている。(3)社会ならびに個々の組織の目的を達成するという観点から，それぞれにおけるマーケティングの役割を明らかにしている。加藤，同上書，p.15。

(35)　加藤，同上書，p.16。

参考文献

加藤勇夫『マーケティング・アプローチ論—その展開と分析』（増補版），白桃書房，1982年。

橋本勲『現代マーケティング論』新評論，1973年。

橋本勲『マーケティングの成立と展開』ミネルヴァ書房，1975年。

小原博『マーケティング生成史論』税務経理協会，1987年。

（尾碕　眞）

第2章　マーケティング戦略

第1節　マーケティング戦略の基本視点

　マネジリアル・マーケティングは第2次世界大戦終了後に成立し[1]，世界市場の狭隘化[2]，市場の消費変化・消費者意識の多様化[3]と巨大企業間の競争に対応する統合的な経営的マーケティングとして登場し，マーケティング戦略はマネジリアル・マーケティングの中核として機能する。

　いいかえれば，この統合的なマネジリアル・マーケティングの中核としてのマーケティング戦略は当然企業の全体的行動の決定であり，長期的，競争的，創造的観点を基調としたものである[4]。

　第2次世界大戦中は軍需を中心とした技術の開発と大量生産を押し進めたが，戦後は，平和産業に移行し大戦中に開発した技術を応用して新製品が消費市場に誕生した。それは化学製品，家電製品，乗用車，電子計算機等であり大量生産された。この大量生産には巨大な投資が必要であり，その資金を確実に回収しなければならないことから，長期的な計画が必要となった。

　マネジリアル・マーケティングは企業を取り巻く環境に対応し，戦略的観点を創造的発展させながら構築し，さらに創造的発展を繰り返しながら再構築し，第2次世界戦後の市場問題解決策として展開されている[5]。

第2節　市場標的の確定

　市場狭隘化への対応は当然新たな消費者ニーズを見出すための市場細分化であり，この市場標的の確定はいくつかの部分市場に対応することに他ならない。

市場細分化は漠然とした全体把握ではなく消費者の需要特質に応じて細分市場に分割し，それを市場標的として対応するものである。

　市場細分化は人口統計的特性，地域的特性，パーソナリティー的特質，消費・購買パターン的特性等の基準，方法で行われる。市場細分化は製品戦略を伴わない製品以外のマーケティング・ミックスによるものと，市場の特質に適応した製品戦略を伴うものに分けられる。

　市場の情報を得るためには，市場調査がなされる。この市場調査は意思決定のための情報収集といえる[6]。

　環境が急激に変化する時代の戦略的観点によるマーケティング展開は確定的情報が不可欠である。とりわけ戦略意思決定は反復するものではなく，一度限りのものであることが多い。したがって，詳細な情報を受信し，処理し情報の不確実性を取り除き意思決定に対応しなければならない。

第3節　マーケティング・ミックスの構成

　マーケティング・ミックスはE. J. マッカーシー（E. J. McCarthy）によれば，1. 製品（product），2. 価格（price），3. 位置（place），4. 販売促進（promotion）[7]の要素から構成されるのであるが[8]，これを戦略目標達成のために，もっとも効果的に要素を組み合わせることが必要である。マーケティング・ミックスは単なる構成要素ではなく，相互関連を把握し構成されるだけでなく，相乗効果を生じさせ，統合的，全体的に適合されなければならない。

　以下，1. 製品（product），2. 価格（price），3. 位置（place），4. 販売促進（promotion）の要素の順に簡単にふれていきたい。

1. 製　品

　製品は消費者の必要性・欲求を反映させるマネジリアル・マーケティングの中核的位置付けにあるものといえる。過去は製品の物理的特性を中心としてマーケティングが展開されてきたが，現在は物理的特性以外の製品価値が中心と

なっている⁽⁹⁾。それは企業間の製品の質が一定になり，品質の差による競争ではないことから，製品価値による競争が展開される。また，消費者意識の多様化により，消費者は製品から受ける満足は物理的特性ではなく，カラー，デザイン，ブランド等の製品価値を求めているからである。

ところで，ブランドは競争他社のものと差別化を図るためであり，差別化競争と非価格競争を意識したのであったが，最近は企業資産としてのブランド・エクイティが注目され，競争他社への競争制限を強化するものといわれている⁽¹⁰⁾。

製品には製品寿命があり，導入，普及，衰退，消滅という製品ライフサイクル（PLC ; product life cycle）があるという。そこでは，その局面での戦略は異なるという⁽¹¹⁾。

2.　価　格

価格は需要と供給との市場関係にて決定されるといわれている。市場価格の形成は需給によるとしても，現実にはそれだけではない。また，消費者が納得する価格ともいわれているが，価格は自由に設定できるわけではなく，一定の環境条件の下で決定される⁽¹²⁾。価格設定は，極めて複雑であることから，多くの諸要因を考慮して決定される。ここでは価格設定の諸要因を①製品コスト，②需要，③競争と考える。①製品コストは原材料，労務費，経費の製造原価に販売費，一般管理費が加えられる。製品コスト以下で企業は製品を販売することは不可能なことから，製品コストは価格決定の下限を示す。②需要は供給との関係にて市場を形成する。需要が大きければ価格は上昇し，供給が大きければ価格は低減する。需要測定が重要となる。③市場に対しての企業間競争であり，対抗企業の価格政策についての情報が必要である。

これらの要因から価格設定の方式を検討する。ただし，①製品コストは生産観点から，②需要，③競争は市場観点とし，2つの区分から検討する。

（1）生産観点の価格設定方式

コスト重視方式はフルコスト原則によるもので，生産コスト（直接費用）と販売費・一般管理費（間接費用）に一定額の適正利潤を加えて売値とする

方法である。この方法で最も一般化しているのが，原価加算方式（cost plus pricing）である。この原価加算方式は製品の単位当たりの生産コスト，販売費・一般管理費に適正利潤を加えて価格とするものである。また，総売上と総費用が等しくなり利益が生じる損益分岐点による損益分岐点法による方式がある。

(2) 市場観点の価格設定方式

コストを意識しながら需要・市場に重点を置き，価格設定を行う。

1）市場需要

企業が価格を変更すると総需要量はそれに応じ変化する，その関係は需要曲線により示される。この需要曲線を参考に価格設定を行う。しかし，需要曲線は企業の置かれている環境にも左右される。さらに，この需要曲線の計画のみでなく，需要の価格弾力性を求め環境理解を図る必要がある。

2）消費者心理

消費者の心理的価格反応により設定する知覚価格法。

①慣習化価格：長期的に価格が一定であり，消費者が心理的にその売値を受け入れてしまっている価格。比較的購入頻度が高いお菓子や清涼飲料水の価格である。

②名声価格：威光商品といわれ，高価格で，地位を強調し，価格そのものが商品価値を表すもの。消費者が品質を評価しにくい商品は価格により評価する。実質的には品質は高くなくても，デザイン，パッケージ，スタイル等工夫をこらし差別化し付加価値を得るもの。いわゆる高級ブランドといわれるものや，宝石等であり，需要曲線から価格を低く設定すると売上が伸びないことがある。

③端数価格：消費者が心理的に割安であると，感じさせる端数価格を設定し安さを強調する。例えば，1万円を9800円のように一桁少ない表示金額が消費者に印象付けられ，売上が増加するといえる。

3）市場競争

①売価維持政策：いったん設定した価格を長期間維持する価格政策である。

②追随価格政策：競争企業の価格をそのまま追随したり，差額をつける政策

である。

③実勢価格法：業界の平均価格に一致させる価格政策。

このように価格設定政策がみられるが，A.R. オクセンフェルト（A. R. Oxenfeldt）は多段階価格設定方式を示している。価格設定の主たる要素は，①市場標的の選択，②ブランド・イメージの選択，③マーケティング・ミックスの構成，④価格政策の選択，⑤価格戦略の決定，⑥具体的な価格設定，の 6 段階を示している。この設定方式は 6 段階過程により，マーケティング環境を総合的に検討し，価格を決める手順と長期的，段階的設定を示したものである。

（3）新製品の価格設定

新製品を市場に導入する際の価格設定は，①高価格を設定する上層吸収価格戦略と，②低価格を設定する市場浸透価格が考えられる。

①　上層吸収価格戦略

新製品導入期から高価格を設定し，競争企業が参入する前に市場の上澄みを吸収し，その後，価格を下げていくものである。

この価格設定は，新製品に対する価格弾力性が低く，価格にこだわらない革新者が認められ新製品の需要がある。また，生産能力や参入阻止・障害（特許等）があり，急激な規模の経済性を大きくすることができないが，段階的に拡張ができる場合である。

②　市場浸透価格戦略

新製品導入期から低価格を設定し，すばやく市場に浸透させるものである。

この価格設定は，新製品に対する価格弾力性が高く，広い市場で価格に敏感な消費者需要がある場合や大量生産が可能な新製品である。低利益であり競争企業の参入を防ぐことや，新規参入したとしても，一度購入（学習）した消費者が，継続して製品購買をすることが考えられ，新規参入相手に対し優位となる。

3.　位　置

流通経路は生産者の流通機構の再編ないし再構築をし，自社製品の流通を管理し，自社の製品を他競争企業より優位に流通させることである。

その管理は流通機構から販売業者を選択する経路選択から自社独自の経路を構築するものまであり，その幅は広い。

　流通経路はこれまで商的流通を対象としてきたが，物の流れ，情報の流れが重視され，総合的な流通が問われ，物流（physical distribution），ロジスティクス（logistics）が注目されてきた。言い換えれば，企業の競争優位の手段として，商的流通を順調かつ効率的に遂行するためには時間的，場所的，空間的課題を埋めることが重要になってきたのである。

4．販売促進

　現代の販売促進は単に販売増進を図るのみでなく，情報の受発信，販売データの処理，苦情処理，サービスの提供，消費者満足度向上，顧客の心的状況改善（認知的不協和の除去）など企業と顧客の良好な関係を確立するコミュニケーション活動といえる。マーケティングとしてのコミュニケーション活動は，企業から消費者へ情報が伝達され，その情報により消費者が企業にとって好ましい行為，態度をとるための過程といえよう。

　販売促進がこのようなコミュニケーション活動であるとすると，企業に関する製品等の情報が伝達され，消費者はこの情報に基づいて購買行動を行うのである。この活動が適正に行われないと，消費者の合理的購買行動が阻害される恐れがある。販売促進は，より多くの需要を喚起し販売を増進する役割であり，人的販売と非人的販売等を最適に組み合わせ，最大の販売促進効果を得ることが重要である。

第4節　マーケティング戦略の展開

　A. R. オクセンフェルト（A. R. Oxenfeldt）[13]やE. J. マッカーシー（E. J. McCarthy）[14]によれば，マーケティング戦略を，①市場標的の確定，②マーケティング・ミックス要素の構成，とした。この枠組みは多くの論者により引用され一般的になっている。

　マーケティング戦略の対象は，顧客（市場標的）の需要ないし市場であり，市場獲得，需要創造であるといえる。需要創造は市場の需要を積極的に創造することであり，消費者，市場の必要性，欲求に適合させることといえよう。いいかえれば，市場の魅力ある需要を探し出し，その喚起，創造していくことである。この需要創造に対し，最適なマーケティング・ミックスの要素を組み合わせ，消費者を満足させるのが，基本的なマーケティング戦略といえよう。

　ところで，現代の生産方式は効率的製品製造方式により一定程度の生産量を確保し展開される。そこで，的確な市場の確定は企業成長を規定することになることから，市場標的の確定・市場細分化は不可欠となる。さらに，市場標的を満足させるためのマーケティング・ミックス要素の最適な構成は重要なものである。よって，現代の生産方法を基軸としたマーケティングである限り，このマーケティング戦略枠組みは評価できよう。

　先述したようにマネジリアル・マーケティングは世界市場の狭隘化と巨大企業間の競争に対応する統合的な経営的マーケティングであり，その中核として機能したのはマーケティング戦略である。

　次に，戦略的マーケティングについて，嶋口によれば 1 需要対応，マーケティング・マネジメント戦略，2 社会対応，ソーシャル・マーケティング戦略，3 競争対応，競争市場戦略，主としてこの 3 区分としている[15]が，需要対応に社会，競争を加えたものといえよう。とりわけ，競争には戦略ドメイン，ポーターの競争構造分析，競争地位，ポートフォリオ戦略等が述べられている[16]。

　また，ランバン（Lambin, Jean Jacques）は，現代のマーケティング体系は戦略を重視した戦略的マーケティングとマーケティングオペレーショナルの従来のマーケティング・ミックスの最適な構成から組み立てられているという[17]。

　ランバンは嶋口同様にマーケティング・マネジメントに拡張的な戦略的対応を加えた考え方といえる。拡張構成部分はドメイン，事業ポートフォリオ分析，競争構造分析，競争戦略の選択としている。

　以上の嶋口やランバンの指摘から考えると戦略マーケティングはマーケティング戦略に社会，競争対応を拡張したといえる。その拡張構成部分は 1. ドメ

イン（企業の主要生存領域）の策定，2.事業ポートフォリオ分析，3.競争構造分析，4.競争戦略の選択，5. SOWT 分析であるといえよう。以下簡単に触れることにしたい。

1. ドメインの策定

ドメインの策定[18]とは，現在から将来にわたっての自社事業はいかにあるべきかを決めることである。言いかえれば，事業の広がり，深さ，事業部間の資源配分，組織の思考，行動様式を決定づける。

また，ドメインの確立は顧客層，顧客機能，技術の3次元で検討することが必要である。

ドメインは，市場・技術・組織等の環境変化に対し，それに対応し，再決定する必要がある。ただし，この変更は競争企業，対象顧客が変わる可能性が生じる。

図2-1　ドメインの定義法

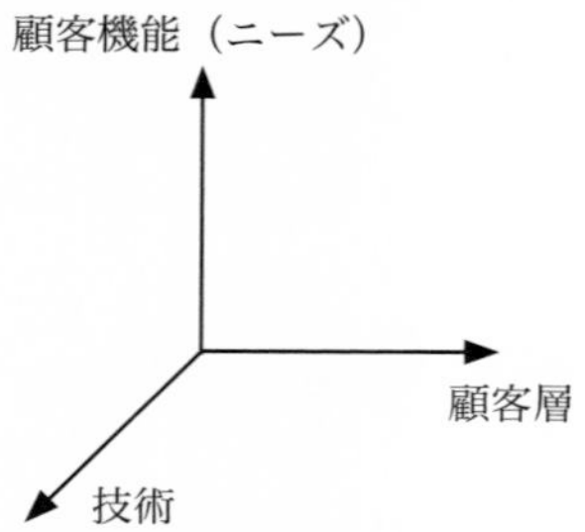

顧客機能（ニーズ）

顧客層

技術

出所：Abell,1980, 訳書 ,1984,p.37。

2. 事業ポートフォリオ分析

事業ポートフォリオ分析（PPM:Product Portfolio Management）は，最適な財務資源（キャッシュ・フロー）の配分を検討するために開発された[19]。自社のどの製品,事業への投資,撤退を,図上で理解することができる。各事業（製品）を4セルに分類している。4セルは（1）花形,（2）金のなる木,（3）問題児,（4）負け犬である。

図2-2　製品ポートフォリオ・マネジメント

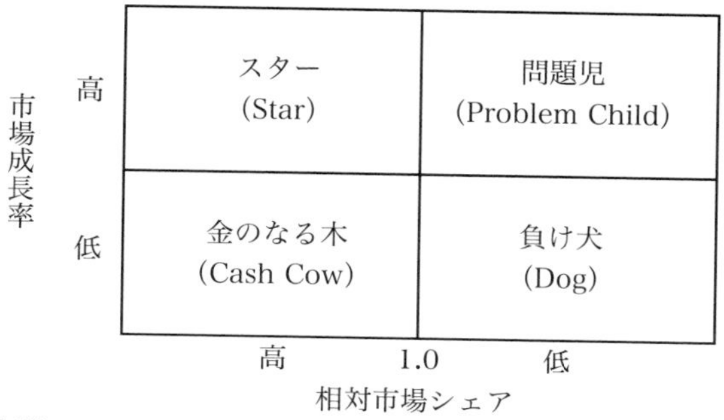

	高	スター (Star)	問題児 (Problem Child)
市場成長率	低	金のなる木 (Cash Cow)	負け犬 (Dog)

高　　　1.0　　　低
相対市場シェア

出所：Boston Consulting Group, 1968.

（1）花形は相対的市場占有率が高く，市場成長率が高い事業を示す。この事業は，相対的市場占有率が高いので資金創出が見込めるが，市場成長力も高いことから大投資を必要とすることから，財務資源は若干の増加または減少が生じることになる。しかし，市場の成長率は低下を免れないことから，高い相対的市場占有率を維持出来れば，bの金のなる木になることが可能である。

（2）金のなる木は相対的市場占有率が高く，市場成長率が低い事業を示す。この事業は，相対的市場占有率が高いので資金創出が見込め，市場成長力は低いことから大投資は必要としないことから，潤沢な財務資源が生じることになる。しかし，製品ライフサイクルからみると成長率は低下を免れないことから，次の事業を育てることが必要である。

（3）問題児は相対的市場占有率が低く，市場成長率が高い事業を示す。この事業は，相対的市場占有率が低いので資金創出がそれほど見込めないが，市場成長力は高いことから大投資を必要とすることから，財務資源は減少する状態になる。この事業をb花形にするためには，大きな投資を行い，相対市場占有率を高める必要がある。それをしないとd負け犬に転落するであろう。大きな投資が必要なことから，いくつかの問題児事業を選択し，集中的に投資する必要がある。しかし，製品ライフサイクルからみると成長率は低い市場ほど占有率を向上は厳しくなることから，この事業選択は重要である。

（4）負け犬は相対的市場占有率が低く，市場成長率も低い事業を示す。こ

の事業は，相対的市場占有率が低いので資金創出それほど見込めないが，市場
成長力も低いことから大投資は必要としないことから，財務資源は若干の増，
減が生じることになる。しかし，市場占有率向上はかなりの努力が必要なこと
から撤退することになる。

　この分析は市場成長率と相対的市場占有率の2次元で説明できることから
分かりやすい手法といえる[20]。

3.　競争構造分析

　M. ポーター（M.Porter）[21] は競争戦略の分析枠組み5つの分析枠組みを提
起した。この分析は，産業の競争状況を規定する要因が明確になることから，
産業の利益率に影響を及ぼす要因分析ができる。とくに，自社の事業の競争状
況分析や進出業界を検討する外部環境分析に用いられる。

　5つの要因は（1）業界内の競争企業,（2）新規参入の脅威,（3）代替品の脅威,
（4）供給業者の競争力,（5）購買業者の競争力である。

（1）業界内の競争企業とは，業界内での狭義の競合状況である。業界内の
　　企業数，規模の分布状況，撤退障壁の高さ，製品差別化の程度などにより
　　競争状況は規定され，競合が激しければ激しいほど利益率は低くなる。

（2）新規参入の脅威とは，業界外の新規参入者の状況である。参入障壁が

図2-3　ポーターの5つの競争要因

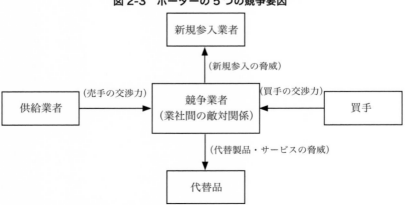

出所：Porter, 1980, 訳書, 1982, p.18.

低く利益率の高い業界には参入業者が増加し，業界の競争が激しくなることは十分予想される。参入障壁としては，産業や企業による技術の高さや設備投資の大きさ，スイッチングコストの高さによる障壁の他，政府による業界規制も障壁の 1 つである。

(3) 代替品の脅威とは，既存製品に変わるような代替的な製品の市場参入。

(4) 供給業者の交渉力とは，供給業者の交渉力の強さの程度。交渉力が強ければ，購入する側は高価格で購入せざるをえない。

(5) 購買業者の交渉力とは，購買業者の交渉力の強さの程度。交渉力が強ければ，販売する側は抵価格で販売せざるをえない。

自社の競争状況の分析や外部環境分析ができる。

4.　競争戦略の選択

(1)　ポーターの 3 つの基本戦略

ポーターは一般戦略として①コスト・リーダーシップ，②差別化，③集中（コスト集中，差別化集中）の 3 つの戦略を提起した[22]。

①　コスト・リーダーシップ戦略は低コストを確立し，競争企業がその価格に追随できないようにし競争するものである。

②　差別化戦略はコストで競争するのではなく，技術や機能，ブランドなどの要素で他企業と差別化し競争するものである。

③　集中化戦略は市場標的を狭く限定し，そこに集中する戦略であり，コス

図 2-4　ポーターの競争優位

競争優位のタイプ

		低コスト	差別化
ターゲットの幅	広	1. コスト・リーダーシップ	2. 差別化
	狭	3A. コスト集中	3B. 差別化集中

出所：Porter, 1968, 訳書, 1985, p.16.

ト集中と差別化集中の２つに分けられる。コストと差別化を狭くすることにより，市場標的に最適な取り組みを可能にするものである。

(2)　競争地位別戦略

市場における企業の競争地位に応じて競争戦略は異なるという考え方である。嶋口充輝は競争地位ごとの戦略定石を図表2-3の如く提示している。

全般的に市場における競争的地位はその占有率の順位に応じて，①リーダー (leader)，②チャレンジャー (challenger)，③フォロワー (follower)，④ニッチャー (nicher) の４つに分けられる[23]。①業界の首位企業をリーダーであり，全方位戦略と規定される。業界内の最大市場占有率の確保,維持が必要なため，市場全体を狙い行動する。②２番手のチャレンジャーはリーダーに比べて相対的に経営資源が小さく，同質型競争化では規模がリーダーに比べ小であり，勝ち目がないことから，差別化戦略をとる。③中下位企業フォロワーはリーダーとチャレンジャーが争う市場はあきらめ，その下の市場を狙い，上位企業を模倣し市場を確保する戦略である。④ニッチャーは，市場占有率は低いが，特定製品，市場に特化し，その市場を自社のものとして確保する。この部分では上位企業と競合するが，特化市場にのみ経営資源を投入し，集中することから，特定市場でミニ・リーダーとなりえる。

5.　SWOT 分析

企業活動の現在と将来の良し悪しを明らかにする方法として考え出された。そこで組織の外部環境の機会（opportunity），脅威（threat）を検討し，その組織の内部環境のもつ強み（strength）と弱み（weakness）を確認・評価し今後の戦略を考える。内部環境の要因は人材，財務，生産力，マーケティング・ミックス（4P）等であり，外部環境要因はマクロ経済，技術革新，法律，文化，慣習，政治，経済政策，競争相手等である。目標達成の要因を，内部の強みと弱み，および外部の機会と脅威から決める。しかし，この４要因の相対的評価，優先順位の検討等が必要である[24]。

図 2-5　SWOT 分析

	外部環境	
	機会 Opportunity	脅威 Threat
内部環境 強み Strength	自社の強みで取り込むことのできる事業機会は何か。 →（通常の戦略）最大限活用し必勝の構え。	自社の強みで脅威を回避できないか，他社には脅威でも自社の強みで事業機会にできないか。 →（通常の戦略）回避し他社に集中させる。
内部環境 弱み Weakness	自社の弱みで，事業化をとりこぼさないためには何が必要か。 →（通常の戦略）補完し損失を回避する。	脅威と弱みが合わさって最悪の事態を招かないためにはどうするか。 →（通常の戦略）危機管理で不敗の構え。

出所：Certo, *Principles of Modern Management*, p.144 を参考に加筆・修正。

　以上に，マーケティング戦略は企業を取り巻く環境に照応し，その戦略も環境に対応したものに創造的発展し，企業成長を促してきた。

　ところで，近年，地球環境の重視がいわれている。今日の科学技術進歩は目覚ましく，それにより，日常生活の快適さ，便利さ，豊かな商品に取り囲まれている。しかし，他方では，自然資源，自然環境，地球環境に異変が生じ，問題提起がなされ，その深刻化に対して対応が求められている。そこで限られた資源，自然，地球への配慮は企業のイメージアップ対策ではなく，実効性対応が必要となった。このような地球環境重視は社会的，経済的，政治的問題であり，当然この環境対応はマーケティング戦略にも取り入れられた。

注

(1) 加藤勇夫は，マネジリアル・アプローチは『1956 年ハンセン（Harry L.Hansen），1957 年ハワード（John A.Howard），オルダーソン（Wroe Alderson），1958 年ケリー（Eugene J.Kelley）とレイザー（William Lazer）らの研究成果によって体系化が進み，1960 年マッカーシー（Eugene J.McCarthy）によって花開』き，アメリカのマーケティング論はマネジリアル・マーケティング論として体系されたとし，これらの論理的特徴は「動態的な環境諸条件への創造的適応行動の原理を求め，企業の最高経営者としてのマーケティング意思決意の立場から，マーケティング諸活動を統合し，体系化」を試みたとしている。加藤勇夫『マーケティング・アプローチ論』（増補版 9 刷）白桃書房，2000 年，p.119。

橋本勲は，アメリカのマーケティング論は「戦後，特に 1956 ～ 57 年ごろから急激に発展旋回し，マネジリアル・マーケティング論」が登場した，と指摘している。橋本勲『現代マーケティング』新評論，1973 年，p.68。

マネジリアル・マーケティング論成立の背景から考えると，第 2 次大戦後のマーケティングは企業環境適応行動から，マネジリアル・マーケティングとして展開したと思われる。

(2) 橋本勲は国内市場狭隘化と社会主義国の誕生による世界市場の狭隘化を示している。同上書，p.83。

(3) 加藤勇夫，前掲書，pp.8-9。橋本勲，同上書，p.85。

(4) 橋本勲，同上書，pp.155-160。

(5) 企業の存続，成長は，環境への適応行動であることから，当然，マーケティングも環境変化に対応し，創造的発展するものである。

(6) 加藤勇夫，前掲書，p.132。「調査はただ単に結果を確認したり，報告する調査だけでなく，マーケティング・マネジャーが健全なマーケティング問題解決や意思決定を行う際の基礎として役立つ客観的な情報を提供する調査でなければならない」としている。また，pp.132-133 にて，加藤はスタントンのマーケティング調査とマーケティング情報システムについて示している。　尾碕眞「マーケティング調査とマーケティング情報」尾碕眞，岩永忠康，岡田千尋，藤沢史郎『マーケティングと消費者行動』ナカニシヤ出版，1992 年，pp.70-74。尾碕眞『経営の組織と情報管理』中部日本教育文化会，1994 年，pp.75-85 参照。

(7) Eugene J. McCarthy, *Basic Marketing : A Managerial Approach*, Rev. ed., Richard D. Irwin, Inc., 1964, pp.38-40.

(8) マーケティング・ミックスは E. J. マッカーシー（E. J. McCarthy）の 1. 製品（product），2. 価格（price），3. 位置（place），4. 販売促進（promotion）から構

成されるとし，英語の頭文字をとり 4P と呼ばれている。しかし，マーケティング・ミックスは 4 要素のみではない，例えば N.H. ボーデン（Neil H. Borden）は 1. 製品計画，2. 価格決定，3. 商標化，4. 流通経路，5. 人的販売，6. 広告，7. 販売促進，8. 包装，9. ディスプレイ，10. サービス，11. 物的取り扱い，12. 事実の発見，の 12 要素をあげている。N. H. Borden, "The Concept of the Marketing Mix", *Journal of Advertising Research*, Vol.4, June 1964, pp2-7. 詳しくは，加藤勇夫，前掲書，p.144 参照。

　　また，加藤勇夫はマーケティング・ミックスの明確化は 1960 年マッカーシーの 4P で一般化されたのであるが，戦略的構成要素を再定義する試みがなされなかったと指摘する出牛正芳の論述（出牛正芳「マーケティング・ミックスの戦略的観点」『専修経営学論集』第 22 号，1977 年，pp.99-119）を参考にして，4 つの同心円からなる図を示している（加藤，前掲書，pp.131-132）。

(9) 寶多國弘「商業と商品」，寶多國弘・朝岡敏行・城田好孝・尾碕眞 編『現代商業の課題と展開』ナカニシヤ出版，1998 年，pp.75-76。

(10) 太田一樹『現代のマーケティング・マネジメント』晃洋書房，2004 年，p.62。

(11) 戦略進行中に製品ライフサイクルが，どの期なのか，いかに確認するのか，課題と思われる。

(12) 価格設定政策と価格管理政策とに分けられるが，ここでは価格設定政策について述べる。

(13) Alfred R. Oxenfeldt, "The Formulation of A Market Strategy", Eugene J. Kelley and William Lazer（ed.），*Managerial Marketing: Perspectives and Viewpeints*, Rer. Ed., Richard D. Irwin, Inc., 1962, p.101.

(14) マッカーシーは，オクセンフェルトの 2 年後 1964 年に E. J. McCarthy, *op.cit.*,pp25-26 にて述べている。岩永忠康『マーケティング戦略』五絃舎，2002 年，p.6。

(15) 嶋口充輝『戦略的マーケティングの論理』（第 13 刷）誠文堂新光社，1993 年，まえがき，pp.2-3。

(16) 同上書，pp.224-306。

(17) Jambin-Jacques Lambin, *Le Marketing Strategique*, MaGraw-Hill,Paris,1986. ジャン - ジャック ランバン, 三浦信・三浦俊彦訳『戦略的マーケティング』嵯峨野書院，1990 年。

(18) D. F. Abell, *Defining the Business*, Prentice-Hall.

(19) D. A. Aaker, *Strategic Market Management*, John Wiley & Sons, 1984. アーカー，野中郁次郎他訳『戦略市場経営』ダイヤモンド社，1986 年。

(20) 4 セルでは基本的結論が明快であるが，単純過ぎる。そこで，ゼネラル・エレク
　　トリック社とマッキンゼー社は共同で，業界魅力度―事業地位マトリックスを開発
　　した。同上書参照。

(21) M. E. Porter, *Competitive Strategy*, Free Press, 1980. ポーター，土岐坤他訳『競
　　争の戦略』ダイヤモンド社，1980 年参照。

(22) M. E. Porter, *Competitive Advantage*, 1985. ポーター，土岐坤他訳『競争優位
　　の戦略』ダイヤモンド社，1985 年参照。

(23) 嶋口，前掲書，pp.234-236。

(24) SWOT 分析のアイデアは，スタンフォードのアルバート・ハンフリー（Albert
　　Humphrey）の発案である。ハンフリーは，1960 年代から 70 年代にかけてのスタ
　　ンフォード大学の研究プロジェクトにおいて，企業分析の基本ツールとして SWOT
　　分析を提唱した。

参考文献

加藤勇夫『マーケティング・アプローチ論』（増補版 9 刷）白桃書房，2000 年。

橋本勲『現代マーケティング』新評論，1973 年。

大田一樹『現代のマーケティング・マネジメント』晃洋書房，2004 年。

（尾碕　眞）

第3章　マーケティング・リサーチ

第1節　マーケティング・リサーチの意義

　まず，はじめにマーケティング・リサーチについて以下の定義をもとにその意義を確認してみたい。

　アメリカ・マーケティング協会（America marketing association：AMA）は，マーケティング・リサーチを次のように定義している。

　「マーケティング・リサーチとは，情報を通じて消費者，顧客，公共とマーケターを結びつける機能である。情報は，マーケティングに関する機会や問題を特定し，明らかにするため，マーケティング活動を創出し，洗練化し，評価するため，マーケティングの成果を監視するため，そして，マーケティングのプロセスに関する理解を深めるために用いられる。

　マーケティング・リサーチは，これらの問題に取り組むために必要な情報を特定し，情報収集方法を設計し，データ収集プロセスを管理，改善し，結果を分析し，調査結果とそれが意味するものを伝達する。」[1]

　また，コトラー（P. Kotler）とアームストロング（G.Armstrong）は，マーケティング・リサーチを「組織が直面している特定のマーケティング状況に関するデータを，系統的に組み立て，収集し，分析し，報告すること」[2]と定義している。

　ナレシュ・K・マルホトラ（Naresh K. Malhotra）は，「マーケティング・リサーチとは，マーケティングにおける課題と機会の特定と解決にかかわる意思決定を改善するために，情報を体系的かつ客観的に特定，収集，分析，伝達／普及，利用することである」[3]としている。

　上記の定義からわかるようにマーケティング・リサーチは，特定のマーケティ

ング事象に関わる情報を正確にマーケティング意思決定者に提供することを目的
とするものである。その実施にあたっては，客観的かつ的確に行われることが大
前提となる。調査担当者は，さまざまな面で調査にバイアスが生じないよう常に
配慮することが求められる。

第2節　マーケティング・リサーチの手順

1.　マーケティング調査手順についての諸見解

　マーケティング調査は一連の手続きを経由し進められる。ここでは手順の見
解をみることにしたい。

　P. コトラー（P. Kotler）は，①調査目的と問題の明確化，②予備調査，③正
式なサーベイ調査と実験計画法，④フィードバック，⑤データ分析と報告書作
成の5つをあげている[4]。

　次に，L.O. ブラウン（L. O. Brown）は，①状況分析，②非公式調査，③公
式調査，④資料収集，⑤集計と分析，⑥解釈，⑦結果の報告，⑧追求，の8つ
をあげている[5]。

　また，T. C. キナーと J. R. テイラー（T. C. Kinnear and J. R. Taylor）は，①
情報に対する必要性の確立，②調査目的の明確化，③データ源の確定，④デー
タ収集様式の確定，⑤サンプルのデザイン，⑥データの収集，⑦データの処理，
⑧データの分析，⑨結果の公表，の9つをあげている[6]。

　以上諸手順をみたが多少の差異を感じられるものの，その基本的作業の順位
はほとんどかわらない。そこで，これらを参考にして以下基本手順を検討して
いきたい。

2.　マーケティング・リサーチの基本手順

　手順についての諸見解は先にみたとおりであるが，ここでは次の7手順（1）
調査目的の明確化，（2）必要データの収集，（3）効果的な調査方法の決定，（4）
調査項目の作成，（5）調査対象及び標本の決定，（6）集計，分析方法の検討，（7）

報告書および報告方法の決定を検討する。

(1)　調査目的の明確化

企業の必要とする情報は何か，調査の目的について検討する。どのような目的のために調査が必要なのか十分に注意をする必要がある。

(2)　必要データの収集

データは大別すると一次データ（Primary date）と二次データ（Secondary data）に分けられる。

一次データは独自に調査しえたものであり，二次データは政府，公共団体，業界団体，調査機関，企業内部のデータ等であるといえる。

このうち政府，公共団体等が作成したデータは，そのデータがもつ特殊の目的や性格に注意すればマーケティング意思決定に役立つ内容であることが多い。

また，業界団体や調査機関のものは一般化されたものと特定企業を対象にしたものがある。

次に企業内部のデータはマーケティング意思決定に必要な内容を含むものであり，①売上高，原価データ，②社内報告書データ，③分析データがあげられる。さらに細かく地域別，顧客別，製品別であると利用可能度は高い。なお，このデータを有効化するためには社内他部門との協調関係をつくることが必要となる。

以上，二次データについてみたわけであるが，このデータの積極的活用によって，マーケティング意思決定への情報として利用できることが多いものと理解できた。しかし，二次データで不十分のときは，一次データを収集する必要が生じる。次にその方法をみることにしたい。

(3)　効果的な調査方法の決定

一次データはフィールド・データとも呼ばれる。このデータ収集方法は，いくつもある技法の内から選択することになる。そこで，データ収集技法を数多く知っておく必要がある。また，本調査の準備として予備調査を行う必要がある。それは事前に作成された質問事項で十分かどうかなどを検討し，本調査を効果的に行うことを目的としている。一次データ収集方法として代表的なものに①質問法，②客観法，③実験法がある。これらについて以下みることにしたい。

 1 ）質問法

 調査者が設定した質問に対して対象者から回答を収集する方法である。これ
には（a）質問紙調査法と（b）質問面接法がある。

 （a）質問紙調査法

 ⅰ）郵送調査法：作成した質問票を調査対象者に郵送して，回答を返送して
　　もらう方法である。費用は比較的安く広範囲にわたって調査ができるが，
　　回収率は低いことが多い。

 ⅱ）留置調査法：調査者が調査対象者を訪問し，質問票を預け，後日調査者
　　が回収する。

 ⅲ）電話調査法：簡単な質問を電話によって調査する方法である。早く広範
　　囲にできる。

 （b）質問面接法

 直接調査対象者を訪問したり，特定の場所に招いて行う。これには個別面接
法と集団面接法とがある。

 2 ）観察法

 調査対象をできるかぎり客観的に観察する方法である。これには（a）自然
観察法と（b）組織的観察法がある。

 （a）自然観察法

 ありのままの状態で調査対象を観察する方法である。

 （b）組織的観察法

 特定の状況下で調査対象を観察する方法である。ただ，この方法は調査対象
と観察する側とが直接会話されることなく，その行動の回答や理由を聞くこと
は不可能であることが問題である。

 3）実験法

 市場受容等の因果関係をみるものである。影響を与える多数の変動要因をコ
ントロールして変動要因をみつけ出す方法である。

 (4)　調査項目の作成

 予備調査，調査方法等が決定され最終段階で調査票がつくられる。この調査

票は大きく4つの部分から成っている。

① 調査目的等が示され，調査対象者への協力をお願いする。

② フェイス・シートでデモグラフィックスの記入

③ 質問項目と回答

④ 集計，作表のためのコーディング部分（別紙の場合もある。）

また調査票は所要時間が30分〜45分ぐらいとし，質問項目数は30〜35問がよいといわれている。質問形式は単文で質問は簡潔な表現で誘導的な質問や不明瞭な語には十分注意する必要がある。

(5) 調査対象および標本の決定

調査をするとき，全数調査をすることは，ほとんど不可能である。むしろ，調査対象からある一部分を抽出して行うことが多い。どのように標本を抽出するかが問題である。この方法に確率標本抽出法と非確率標本抽出法の2つがあるが，普通，標本抽出法は無作為な確率標本抽出を使う。この確率標本抽出法は母集団から標本を無作為に抽出し，確率理論が適用され誤差が測られ推定値の信頼度が測定できるからである。

(6) 集計，分析方法の検討

収集したデータは加工し，分析され意思決定に必要な情報にしなければならない。加工，分析は調査したデータのもつ意味を取り上げることである。同じデータでも分析者の能力によって取り上げるものに大きな違いが生じることがある。また，データには多面性があり一つの側面だけ注目すると問題の本質を見失うこともあり，収集したデータからより多くの情報を把握するためのデータの加工，分析には注意を要するといえよう。なお，計量的に処理するときには頻度，比率，平均値，相関係数，負荷量などの検討がなされ，コンピュータ処理されることが多い。

(7) 報告書および報告方法の決定

分析されたものは決まった様式があるわけではなく，口頭，文書により提示される。結果は意思決定者に対し最も関心があるものといえる。よって報告書は最も重要な結果と概要が簡単に述べられ，調査結果・分析，調査からの提言

などが付け加えられるべきである。また，この報告書は提出先が効率的に利用できるように作成すべきである。

　以上，マーケティング・リサーチを効率的に行うための実施手順について検討したが，報告書は意思決定の情報として重要であり，戦略立案に貢献できるものでなければ意味がないといえよう。

第3節　インターネット調査

1.　インターネット調査の実施環境の進展

　近年の情報技術の進展によって家庭向けインターネットの利用は急速に広まっている。2013年末のインターネット利用者数は，2012年より392万人増加して10,044万人（対前年比4.1％増）人口普及率は，82.8％（2012年から3.3ポイント増）となった。また，個人がインターネットを利用する際に使用する情報端末については，携帯端末での利用者が，2007年より219万人増の7,506万人（2007年比3.0％増），パソコンからの利用者は，442万人増の8,255万人（2007年比5.7％増）となった[7]。

　また，光回線（FTTH），ケーブルテレビ回線（CATV回線），DSL回線，第3世代携帯電話回線，固定無線回線（FWA）などの超高速ブロードバンドの利用可能世帯は，2013年3月末では5,381万世帯に達し，ブロードバンドの利用可能世帯は5,416万世帯，利用可能世帯率は100％となっている[8]。

　このようなインターネット（特に超高速ブロードバンドの進展と普及）環境が整備されていくなかで，消費者の価値観・ライフスタイルの多様化，就労形態の変容等の影響によって消費者を取り巻く環境は日々変化し，企業が消費者のニーズを把握することが困難になっている。

　そのような市場環境の変化は，企業が行う従来からの確率型標本抽出法による調査手法に加えて，インターネットを利用したインターネット調査（internet survey）と呼ばれる調査手法が近年急速に実施され普及し始めている。

　インターネット調査を行う企業は，総務省統計局の日本標準産業分類（平成

14 年 3 月改訂）によると，情報通信業（大分類：H）内の情報通信サービス業（中分類：39）に該当し，情報の処理・提供などのサービスを行う事業所と定義されている。さらに，情報処理・提供サービス業（小分類：392）の内のその他の情報処理・提供サービス業（細分類：3929）に該当する[9]。

2.　インターネット調査の変遷

　1995 年に Windows95 が発売され，インターネットが急速に発展するきっかけとなり，ISP（internet service provider）と呼ばれるインターネット接続サービス事業者が現れ，個人がインターネット接続できる環境が整備され始めた。しかし，当時はインターネットの接続料，通信料ともに高額であり，また常時接続ではなかったため一般的に利用するものではなかった。企業側，回答者側双方のインフラが脆弱であり，インターネット調査は研究段階として位置付けられていた。コンピュータを利用したデータ収集は CATI（computer assisted telephone interview）と呼ばれる収集方法が実用化されていたが，市場調査というよりもデータ収集の側面が強かった[10]。日本においてインターネット調査が最初に行われたのは，1996 年の iMi ネットの E メール調査であるといわれている。当時のインターネット調査はオープン型と呼ばれる調査方式が主流であった[11]。

　その後，1997 年から 2000 年にかけ，ネットバブルと呼ばれる情報技術関連企業の好景気に沸き，Yahoo! Japan，楽天等に代表されるインターネット企業が次々と現れた。1997 年のインターネットの個人利用者数は 1,155 万人，2000 年は 4,708 万人となり，4 年間で人口普及率は，9.2％から 37.1％へと爆発的に普及していった[12]。この背景には，ISDN（integrated services digital network）と呼ばれる高速通信サービスが普及したことによるものであった[13]。1999 年には「2 ちゃんねる」と呼ばれるネット上に匿名で書き込みを行うサービスが登場し，インターネットが情報発信という特性をもち始めた時期であった。

　2000 年のマーケティング・リサーチ業界は約 1,200 億円規模で，日本マーケティング・リサーチ協会が会員企業 68 社に対して行った調査によると，イ

ンターネット調査の割合（単発調査）は 1999 年で 1.5%，2000 年には 3.2%
に増加し，調査手法としてインターネットという項目が加わったのは 1999 年
度の調査が最初であった[14]。モニター会員を募り，アンケートに回答しても
らうという手法はこの時期に確立され，インターネット調査が本格的に展開さ
れ始め，インターネット調査を専門とする事業者が現れ，インターネットグル
ープインタビューや画面の制御等の複雑な制御の研究が進んだ[15]。米国にお
けるインターネット調査の市場規模の 2 億 8,300 万ドル（2000 年）と比較す
ると市場規模は小さいが[16]，この時期から名実ともに日本でインターネット
調査が行われ始めた。

　2000 年から 2001 年にかけてインターネット接続の定額制が開始されたこ
とによってインターネットを取り巻く環境が劇的に変化し，インターネットが
もはや特殊な人のものではなく一般的に利用される媒体へと移行した。インタ
ーネット調査専門の調査会社が数多く参入した。インターネット調査が本格的
に展開され始めた背景には，インターネット利用者数の増加と深い関係がある

図 3-1　アドホック調査に占めるインターネット量的調査の売上高構成比（%）

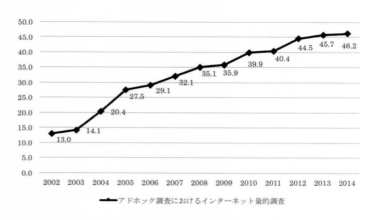

出所：一般社団法人日本マーケティング・リサーチ協会「第 31・35・40 経営業務実態
　　　調査」より筆者作成。
注）数値はアドホック調査を 100 とした場合である。

と考えられる。前述したように，インターネットが特殊な人向けの媒体から一般人向けの媒体へと移行した結果，調査対象者を一般人とした調査が行えることが可能となることで調査対象者層が拡大し，より広範囲な調査が行えるようになり，「迅速性」，「安価性」という特性も後押した。

　しかしながら，インターネット調査導入初期時においては，一部の特定者向けの調査でしかないというマイナスの面が指摘，強調されることが多かったが，この点については調査会社側，発注側双方とも合意の元で行われた。このように，従来の調査手法との比較によってインターネット調査の問題点が指摘されたことは，辿ってきた経緯から必然であったと考えられ，調査会社による実践から多くの事例が積み重ねられ蓄積されていった。

　その後，情報デバイスの技術的進展とブロードバンドの更なる普及が，インターネットの存在を拡大させていった。Web 上の動画技術が高度化したことによって，従来では不可能であった動画配信など行われるようになった。インターネットは従来の情報の入手媒体から，Blog（web log），SNS（social networking service）等の情報を発信する媒体へと変化した[17]。このインターネットの特性の変化に企業も対応せざるを得ない状況となった。2002 年以降，ブロードバンドの常時接続はインターネット調査の協力者を劇的に増加させ，アドホック調査に占めるインターネット調査の売上高構成比は，2002 年（13.0%）から 2014 年（46.2%）へと上昇している[18]。

　近年においてはマーケティングに加え，社会調査や世論調査においてもインターネット調査が利用され始め，2015 年 10 月に実施された国勢調査（簡易調査）においてもインターネットを利用した回答が可能となった。

3.　インターネット調査の概要

　インターネット調査とは（internet survey），オンライン調査（online survey），WEB 調査（web survey），電子調査（electronic survey）などとも呼ばれている。通常，定量ベースのインターネット調査という場合には，E メール上の調査票に直接回答してもらう調査方法と，調査会社のホームページ上の

調査票に回答してもらう調査方法に分かれる。近年行われている調査方法は後
者の WEB 調査が大半を占めている [19]。従来の調査方法とインターネット調
査のシェアの変化をみると，1999 年から 2006 年の 8 年間でインターネット
調査のシェアは 1999 年の 2％から 30％へと成長している [20]。

　インターネット調査の実際の調査方法は，主としてインターネットによ
って募集して調査協力を了解した者で構築された「登録者集団」（リソース：
resource またはアクセスパネル：access panel）に対して，各調査の条件に合致し
た者に E メールを送り，調査協力を依頼する方法である [21]。パネルは各イン
ターネット調査会社によって構築されるが，日本マーケティング・リサーチ協
会が自主規制として「インターネット調査に関する品質保証ガイドライン」を
策定しており，その中の「アクセスパネル構築とメンテナンス」の項目におい
てパネルの構築に関する規定を設けている [22]。また，国際的なマーケティング・
リサーチ団体である ESOMAR (European Society for Opinion and Marketing
Research) は「インターネット調査ガイドライン」(ESOMAR guideline on
conducting market and opinion research using the internet) を制定し，国際的に
インターネット調査に関するガイドラインを設けている。パネルの構築方法に
は次のようなものが挙げられる [23]。

　①検索サイトに掲載した調査会社のホームページで調査協力を募集（公募）
　　する。
　②趣味サークル，コミュニティサイト，オプトインメール，懸賞イベントな
　　どの調査以外の目的で収集した会員名簿を活用する。
　③検索サイトのなかやバナー広告などでオープンに調査協力を求め，その回
　　答者のなかで登録に同意した人を利用する。
　④過去に実施した確率サンプルリングによる各種調査の回答者のなかで登録
　　に同意した人を利用する。
　⑤新たに確率サンプリングを実施して，登録を依頼する。
　上記のような構築方法が挙げられるが，これらパネルの構築方法の如何によ
ってインターネット調査を左右する要因となる [24]。

4.　インターネット調査の有用性

　従来型の調査方法から上記で挙げた公募型のインターネット調査への移行が進んでいる。その要因としては，欧米と比較して日本においては典型的な確率的標本調査方法が適用できたことを挙げている[25]。すなわち，従来は住民基本台帳や選挙人名簿の閲覧が比較的自由であった。しかし，近年の個人情報保護の関心の高まりや個人情報を利用した犯罪の増加等の背景から個人情報保護法が施行されたことによって，従来の調査方法が適用しにくい状況にあるためである。

　そのような背景によってインターネット調査は調査方法として主流になりつつあり，その有用性としていくつか挙げることができる。1点は，一票あたりの単価が安価なため，大量のサンプルが入手可能である。2点は，パネルが大規模なため，レア・サンプルが数多く確保できる。3点は，回答の追跡が可能なため，質問項目の即時的変更が可能である。4点は，画像や動画などのマルチメディアを用いて視覚的な効果を加えることで，調査票の多様性が確保できる。

　これらのインターネット調査によって得られた調査結果は，発注企業側が正確な調査結果よりも役に立つ調査結果を要求するようになったことも影響している。

5.　インターネット調査の問題点

　インターネット調査は，その調査方法に起因する問題点がいくつか挙げられる。1点は，パネルが非確率的抽出法によって構築されるため，パネル自体の代表性に問題がある[26]。インターネット調査の前提として調査の協力依頼は基本的には Web 上で行われるため，パソコンもしくは携帯端末を利用して，Web にアクセスできることが前提条件となるためである。

　2点は，回答者に協力を依頼する場合は，基本的には何らかのインセンティブが提供されることである。その方法としては，回答数に応じて抽選で指定された口座へ入金するものや，ポイントを付与するものなどさまざまなものがある，いずれにしても，謝礼を目的とした虚偽回答や，同一人物が複数人になり

すまして回答する者が存在することである。このような回答者が存在すると回答精度が低下してしまう懸念がある。これを防止するために定期的に本人に関する質問項目への回答や，本人専用のアカウントの作成を義務付けるなどの防止策を行っている。

3点は，送信ミス，回線不良，プログラムミス等の電子システム上の弊害によるものがある。

6. インターネット調査の今後の動向

インターネット調査は，従来の調査手法と比較して迅速性，安価性という面での有用性は高いが，正確性の面については多くの課題を残している。だが，日本におけるインターネット調査は，商業ベースによる展開が先行し理論的研究が遅れた経緯があるが，近年においてはさまざまな研究が行われている。

確率的標本抽出法による調査の実施が困難になる中，ESOMAR および日本マーケティング・リサーチ協会などの関連団体によるガイドラインの制定からも分かるように，調査手法として内包する問題点については，調査目的によってインターネット調査を適用するか否かを判断することが必要であろう。企業は限られた調査予算で最大の結果を得なければならない。「正確な調査」から「役に立つ調査」へと調査結果に求める基準が変化しているなかで調査手法としてのインターネット調査はますます進展するであろう[27]。

注

(1) American Marketing Association, https://www.ama.org/AboutAMA/Pages/Definition-of-Marketing.aspx（2016 年 8 月 23 日取得）

(2) Philip Kotler and Gary Armstrong, *Marketing: An introduction*, 11th ed., Pearson Education, 2013, p.128.

(3) ナレシュ・K・マルホトラ著，日本マーケティング・リサーチ協会監修，小林和夫監訳『マーケティング・リサーチの理論と実践－理論編－』同友館，2006 年，p.10。

(4) P. Kotler, *Principles of Marketing*, Prentice-Hall,1980.
P. コトラー『マーケティング原理』（第 2 版）ダイヤモンド社，1984 年，p.177。

(5) L.O.Brown, *Marketing and Distribution Research*, Ronald Press Co.,1955, pp.119-120.

(6) T. C. Kinnear and I. R. Taylor, *Marketing Research : An Applied Approach*, McGrau-Hill,1983, pp.17-20.

(7) 総務省『平成 25 年通信利用動向調査（世帯編）』，2013 年，p.62。

(8) 総務省『平成 26 年度版情報通信白書』，2014 年，p.358。

(9) 総務省統計局統計基準部『日本標準産業分類　平成 14 年 3 月改訂』，p.55。

(10) 長崎貴裕「インターネット調査の歴史とその活用」『情報の科学と技術』58 巻 6 号，2008 年，p.295。

(11) 上田拓治『マーケティングリサーチの論理と技法 [第 3 版]』日本評論社，2008 年，p.213。

(12) 総務省，前掲書，p.120。

(13) 音声，ファクシミリ，データ，映像等の情報を大量，高品質かつ経済的に伝送することを可能としたデジタルネットワークにより提供するサービスである。1996 年の ISDN サービスの回線数は 74 万 4055 回線であった。総務省『平成 9 年度版　情報通信白書』p.16。

(14) インターネットビジネス研究会『インターネットビジネス白書 2002』ソフトバンクパブリッシング，2001 年，p.96。

(15) 長崎貴裕，前掲書，p.296。

(16) インターネットビジネス研究会，前掲書，p.96。

(17) Blog とは個人や数人のグループで運営され，日々更新される日記的な Web サイトの総称である。「Web」と「Log」（日誌）を一語に綴った「weblog」（ウェブログ）という言葉が生まれ，現在では略して「blog」（ブログ）と呼ばれることが多い。SNS とは友人・知人間のコミュニケーションを円滑にする手段や場を提供し，趣味や嗜好，居住地域，出身校，あるいは「友人の友人」といったつながりを通じて新たな人間関係を構築する場を提供する，会員制のサービスのことである。長崎貴裕，前掲書，p.297。

(18) （社）日本マーケティング・リサーチ協会「第 40 回経営業務実態調査」，2015 年，p.12。http://www.jmra-net.or.jp/trend/investigation/pdf/realities_40/gyoumujitai2015.pdf

（社）日本マーケティング・リサーチ協会「第 35 回経営業務実態調査」，2010 年，p.15。http://www.jmra-net.or.jp/trend/investigation/pdf/realities_35/gyoumujitai2010.pdf

（社）日本マーケティング・リサーチ協会「第 31 回経営業務実態調査」，2006

年，p.13。http://www.jmra-net.or.jp/trend/investigation/pdf/realities_31/
gyoumujitai2006.pdf

(19) 上田拓治，前掲書，p.215。

(20) 上田拓治，前掲書，p.214。

(21) 以下は登録者集団をパネルと表記する。

(22) ESOMAR が国際商業会議所と共同で制定した現在の国際綱領（ICC/ESOMAR
International Code of Marketing and Social Research Practice, 1995 年改訂）は，
日本マーケティング・リサーチ協会を含め，世界 50 カ国以上の調査業団体が遵守す
ることを約束しており，また各国のマーケティング・リサーチ協会がこの国際綱領と
同主旨の綱領を制定している。日本マーケティング・リサーチ協会のガイドラインに
関する詳細は http://www.jmra-net.or.jp/rule/pdf/guideline/guidelines.pdf を参照
されたい。

(23) 上田拓治，前掲書，pp.215-216。

(24) 大隈昇「インターネット調査の適用可能性と限界―データ科学の視点からの考察
―」『行動計量学』，第 29 巻第 1 号，2002 年，p.24。

(25) 大隈昇・前田忠彦「インターネット調査の抱える課題―実験調査から見えてきた
こと―（その 1）」『日本世論調査協会報』第 100 号，2007 年，p.65。

(26) 上田拓治，前掲書，p.236。

(27) 大脇錠一・脇田弘久・小見山隆行・伊藤万知子・新井亨・松本義宏・大久保八重
「インターネットリサーチの品質に関する調査研究（1）」―大学生を対象とした予備
的考察―『流通研究』，愛知学院大学流通科学研究所，第 16 号，2010 年，p.48。

（脇田弘久：第 1 節，尾碕眞：第 2 節，松本義宏：第 3 節）

第4章　消費者の意思決定と消費者行動

第1節　マーケティングと消費者の関係

　消費者（consumer）とは，生産者に対する概念で，自らのニーズ（needs）やウォンツ（wants）を満たすために，必要な商品やサービスを購買・使用する個人や組織のことをいう。そしてこの消費者は通常，最終消費者（ultimate consumer）と，産業使用者（industrial user）に分類される。

　最終消費者は，流通段階の末端に位置し，個人的な必要・欲求の充足を目的に商品・サービスを購買・消費する個人ないし家計集団である。また産業使用者は，再販売や事業の運営を目的に原材料や設備品，消耗品を購入・消費する企業や組織（例えば各種製造業者，農・林・漁業者，卸・小売業者，各種サービス業者，政府機関・地方自治体など）である[1]。本章では，最終消費者（以下，消費者とする）としての個人を対象に展開していくことにする。

　今日われわれが日常生活を送るなかで，商品やサービスを購入し，それらを消費・使用することなくして生活を成り立たせることは，ほとんど困難といってよい。人類発生以来供給量の絶対的不足のなかで，「生産された商品を購入し，消費する」という生産優位の社会が長く続いてきた。20世紀中期以降，供給量が需要量を上回るようになり，「生産した商品を売る」時代から「売れる商品を生産する」時代へと変化し，消費のための生産が行われるようになった[2]。いまやわれわれの周囲には多様な店舗が存在し，そこにはあふれるほどの商品が置かれ，様々なサービスも享受できるようになっている。また技術革新により，国内はもとより海外にまで24時間どこからでもインターネット等を使用して簡単に商品が入手できるようにもなった。

　豊かな時代において，多くの選択肢のなかで実際に消費者が購入するモノやサービス，つまり「売れる商品・サービス」とは，消費者が商品やサービスの品質，デザイン，価格等を自分のニーズや欲求と照らし合わせ，適合すると判断し，購入，消費した結果，満足感が得られたモノやサービスということである。消費者のニーズや行動が多様に変化してきている状況にあっては，生産者であれ，流通業者であれ，サービス業者であれ，「売れる商品・サービス」を生産，販売，提供するためには消費者のニーズや欲求を的確に把握し，それに適応しなければならない。したがって消費者は，商品流通経路の最末端に位置する受動的な存在ではなく，情報の発信者として流通経路の最先端に位置する能動的な存在といえる[3]。企業のマーケティング活動の起点は，この情報発信者としての消費者に求められる。有効なマーケティング戦略を策定し実行するうえで，消費者（消費者行動）を理解することは必要不可欠なことである。

第2節　消費者行動の内容

　消費者行動は，1950年代以降，心理学，社会学，社会心理学等で取り組まれてきた人間行動の成果を応用するかたちで研究が行われてきている。ここではまず，消費者行動の内容について整理する。

　消費者行動は，消費者が意識しているかどうかにかかわらず，絶えず選択と意思決定が行われており，それは図4-1に示すように，「消費行動」，「購買行動」，および「購買後行動」の3つに分類されている。

　これらのうち，「消費行動」は，特定の消費者が消費生活において，自らの所得水準を考え，可処分所得に対する貯蓄と消費の配分を決定し，次に消費に配分された部分の費目別（食料，住居，水道・光熱，被服・履き物，家具・家事用品，保険・医療，交通・通信，教育，教養娯楽など）の配分を決定することである。

　それに対し，「購買行動」は商品やサービスの入手に直接関係する行動で，図4-1③〜⑦における一連の意思決定プロセスとして展開される。自動車を購入するのか，海外旅行に行くのかという商品やサービスの選択，そして選択し

た商品・サービスをどの店舗で購入するのか，あるいは通販で買うのかという
購買場所の選択，自動車を買うのであれば，どのメーカーのどの車種を買うの
かというブランド選択，モデル選択，そして購入する商品の数量や頻度の決定
等である。

　さらに「購買後行動」は，購入された商品がどのように使用され，生活の中
でどのような意味をもつのかということであり，その購入商品に対する満足度
に関する評価を含む。この購買後の満足の程度によって，その商品を保管した
り，廃棄したり，リサイクルに回したりする選択行動をいう[4]。

図 4-1　消費者行動の内容

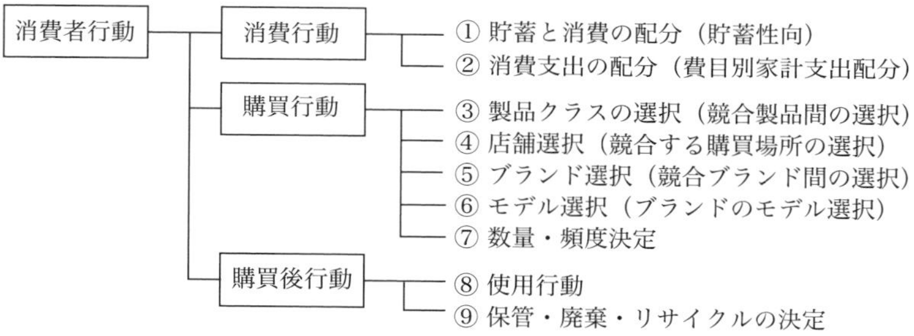

```
消費者行動 ┬─ 消費行動 ──┬─ ① 貯蓄と消費の配分（貯蓄性向）
           │             └─ ② 消費支出の配分（費目別家計支出配分）
           │
           ├─ 購買行動 ──┬─ ③ 製品クラスの選択（競合製品間の選択）
           │             ├─ ④ 店舗選択（競合する購買場所の選択）
           │             ├─ ⑤ ブランド選択（競合ブランド間の選択）
           │             ├─ ⑥ モデル選択（ブランドのモデル選択）
           │             └─ ⑦ 数量・頻度決定
           │
           └─ 購買後行動 ┬─ ⑧ 使用行動
                         └─ ⑨ 保管・廃棄・リサイクルの決定
```

出所：杉本徹雄「消費者行動とマーケティング」杉本徹雄編『消費者理解のための心理学』
　　　福村出版，1997 年，p.12。

第 3 節　消費者の購買行動のメカニズム

1.　購買意思決定プロセスの諸段階

　マーケティングにおける消費者行動の分析で重視されるのは，「購買行動」
である。それは，図 4-1 ③～⑦における一連の意思決定プロセスとして展開さ
れるものである。

　次に示す図 4-2 は，消費者の購買意思決定のプロセスとそれに影響を及ぼす
要因をまとめたものである。以下，この図をもとに説明する[5]。

図4-2　消費者の購買意思決定プロセスと影響要因

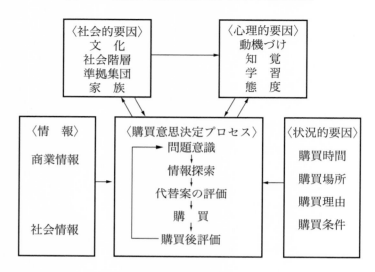

出所：W. J. Stanton, M. J. Etzel, B. J. Walker, *Fundamentals of Marketing*, 10th. ed., McGraw-Hill, Inc.,1994, p.154 を一部変更。

　消費者購買意思決定プロセスの基本的な図式は，問題認識 → 情報探索 → 代替案の評価 → 購買 → 購買後評価という5段階から構成されている。

(1) 問題認識

　問題認識は，消費者が望ましいと考える状況と現実の状況との差に気づくことによって生じる。手持ち商品の不足や不満足，生活環境や家族特性の変化，家計状態の変化,広告のようなマーケティング活動の影響等により誘発される。

(2) 情報探索

　問題認識がなされると，消費者は理想と現実との差から生じた不満や不自由を解消するための商品やサービスについて情報を収集する。情報探索は，消費者自身の経験により記憶に蓄積されている内部情報の探索と，友人や知人によるくちコミ，広告やセールスマン等による商業的な情報等の外部情報の探索に分けられる。情報探索は，ほとんど内部探索から始められ，内部探索で十分な

情報が得られない場合に外部探索が行われる。また高額で購入頻度の低い商品は，多種類の情報源から大量の情報を収集するであろうし，食品や日用品のように低額で購入頻度の高い商品はほとんど情報収集をしないかもしれない。

（3）代替案の評価

様々な情報収集がなされると，購入対象となる商品やサービスおよびその購入店舗の評価をすることになる。この評価のための基準としては，商品やサービスの場合には，コスト（価格，修理費，据付け等），パフォーマンス（耐久性，効率性，経済性，信頼性等），適合性（スタイル，デザイン等との合致），便宜性（省時間，省労働等）があげられるが，この基準は，消費者によって，また購入する商品やサービスによって異なるものである。

購入店舗の選定における評価基準としては，店舗の立地条件，価格，品揃え，ストア・イメージ，広告・プロモーション，サービス，従業員の応対等があげられる。

（4）購　買

代替案の評価に基づいて，最も評価の高かった商品やサービスを最も評価の高かった店舗で購入することになる。この購買にあたって，さらに店舗内で消費者の購買意思決定に関わる要因として，店舗レイアウトと店内の買い物客の流れ，価格設定，店員の接客サービス，支払方法等があげられる。

（5）購買後評価

購買が終わり，実際にその商品やサービスを消費・使用し始めると，その購買意思決定が正当なものであったかどうかの評価が始まる。購入した商品やサービスの品質や性能について，実際に消費・使用して得た結果が購入時の期待と一致するかまたはそれ以上であれば，消費者は満足し，再購入するであろう。しかし不満足の場合には，今後その商品・サービスやその店舗での再購入の可能性はなくなるであろう。購買後評価による情報は，次の購買の際の内部情報として蓄積されることになる。

この購買後評価の段階で消費者は，自分の購買行為に対してしばしば認知的不協和（cognitive dissonance）という心理的不安状況に陥る。認知的不協和は

2つ以上の代替案の中から，1つだけを選択しなければならなかったような状況下で生じやすく，選択しなかった代替案への思いが残るというものである。この状況が起こると，消費者は不安を減少させるために，購買に対する責任を放棄したり，自分の購買行動を支持し正当化する情報を求めようとする。消費者の認知的不協和への対応として，企業の広告，メッセージ，説明書，アフターサービス等は不可欠な手段といえる[6]。

消費者の購買意思決定プロセスは上述の5段階から構成されているが，われわれ消費者が選択・購買する商品やサービスは多種多様であり，意思決定プロセスも購買する商品やサービスの特性によって，すべての段階を経過するとはいえず，省略したり，各段階で費やす時間や努力は異なっている。

2. 消費者の購買行動に影響を及ぼす要因

図4-2に示すように，消費者の購買意思決定プロセスに影響を与える要因として社会的要因，心理的要因，情報，状況的要因があげられる。

(1) 情報と購買意思決定

まず消費者は，どのような商品やサービスが，どのような価格で，どこで入手できるのかといった情報がなければ意思決定をすることができない。購買意思決定に影響を与える情報としては，生産者や商業者からの広告に代表される商業情報（commercial information）や家族，友人，知人からのくちコミや他の人が使っている商品やサービスを観察するといったような社会情報（social information）がある。

(2) 社会的要因

購買行動は，文化，社会階層，準拠集団，家族といった社会的要因によっても影響されている。

・文　　化：世代ごとに受け継がれていく標準的生活様式で，衣・食・住における消費者行動の根幹をなすものである。

・社会階層：収入，教育水準，職業等を基準にグループ分けされたもので，それぞれの階層のメンバーは同じような価値観，興味，行動様

　　　　　式を共有している。
・準拠集団：人々の価値観，態度，行動を形成する時に拠り所となるグルー
　　　　　プ。家族，友人，職場，趣味や習いごとの仲間などである。
・家　　族：夫，妻，子供，親それぞれの購買行動に，相互に最も大きな影
　　　　　響を及ぼし合っている。

（3）心理的要因

　消費者の購買行動には，その背後にある「なぜそうするのか」という部分に
関係する動機づけ，知覚，学習，態度という心理的要因がはたらいている。
・動機づけ：ある目的を達成しようと行動を方向づけるもので，すべての消
　　　　　費者行動の基本である。
・知　　覚：人が自分たちの内的あるいは外的環境にある刺激から一定の意
　　　　　味をつかむプロセス。知覚の結果として，消費者は，商品，ブ
　　　　　ランド，店舗，価格，広告といった購買行動に直接影響を与え
　　　　　る要因に対してのイメージをつくりあげる。
・学　　習：同一あるいは類似の経験の繰り返しからもたらされる行動の変
　　　　　化であり，過去の経験が学習の結果として，後続の行動に影響
　　　　　を与える。
・態　　度：人が，あることについて持続的にもっている好ましいとか，好
　　　　　ましくないといった認知的評価，感情，行動の傾向である。

（4）状況的要因

　消費者は自分自身のおかれている状況によって，その購買行動に直接的に影
響を及ぼされる。緊急を要する場合の購買や同じ商品を購入する場合でも，自
分で使用するのかプレゼント用なのかによって購入する商品は異なる。
　以上のような様々な要因が，消費者の購買意思決定プロセスの各段階に影響
を与え，それぞれの意思決定が行われ，購買行動がとられている。

3. 消費者の店舗選択行動

　これまで消費者の購買行動について，基本的な意思決定プロセスや意思決定

に影響を及ぼす要因について概観したが，特に消費者と近い関係にある小売業・サービス業のマーケティングを考えるうえでは，どの商品・サービスの購買をするのかだけでなく，その購買の「場」としてどのような店舗もしくは商業集積（ショッピング・センター，商店街等）を選択するのかということも重要といえる。

　来住元朗は，「消費者の小売店舗ないしその集積の選択に関わる行動を『小売選択行動』と名付け，それは商品ないし銘柄（ブランド）の購買行動と独立であることはほとんどなく，むしろそれに付随するものと考えられるべきであるが，その意思決定プロセスを構成する段階とその内容，およびそのプロセスの進行に影響を与える諸要因の種類とその相対的重要性は，商品ないし銘柄の購買行動とは異なるであろう。また小売選択行動は，購入するものが特定の商品（１財）か，複数財か，または商品のほかにサービスを含めた多目的購買か，さらに店舗を選択する場合と集積を選択する場合では異なるであろう」としたうえで，特定の商品（１財）の購買に関して，特定の店舗選択の行動の概念的モデルを図 4-3 のように示している[7]。

　小売業にとって，消費者のストア・ロイヤルティ（store loyalty）を高めるために重要なのは，このフロー・チャートの「代替的店舗の属性の評価」と「代替的店舗の属性の知覚（ストア・イメージの形成）」，およびそれによる「店舗に対する態度」の形成段階である。

　消費者は，代替的店舗を評価する際に，「立地が便利である」（所要時間，交通機関，駐車場等），「品揃えが好ましい」，「価格が妥当である」，「販売促進やサービスが適当である」（広告，店員の接客，配送，信用販売等），「店舗が快適である」（配列，装飾，陳列の魅力，顧客の階層，店内の混雑度）など店舗属性に対して多様な基準を用いる[8]。この諸基準における重要度は，どのような商品やサービスを購入しようとしているのかという内容によって異なる。

　またこの店舗属性について，消費者は自分で店舗をみたり，友人や知人からのくちコミや広告等から自己の知覚をとおしてストア・イメージを形成する。そしてこの店舗属性についての評価とストア・イメージの相互作用により，その店舗に対する消費者の態度，つまり選択対象となる小売店舗の全体的評価が形成され

る。消費者が店舗属性に対する高い評価と好意的なストア・イメージをもてば，その店舗を選択する確率が高くなる。さらに選択した小売店舗での購入商品や購買体験による「店舗選択後の評価」が高ければ，良い経験として情報が蓄積され，次の購買時にも繰り返し選択される可能性は高くなるのである。

　ここでは，小売業の店舗選択行動を中心にみてきたが，サービス業の店舗選択においても同様のことがいえる。

図4-3　消費者の店舗選択行動の概念的モデル

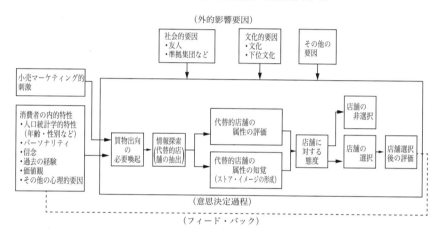

出所：来住元朗「小売商業と消費者」来住元朗・増田大三・田中道雄『現代商業の構図
　　　と戦略』中央経済社，1989年，pp.160-161。

第4節　インターネットによる購買プロセスの変化

1.　AIDMA から AISAS へ

　前節では購買意思決定プロセスの基本的な図式を述べた。本節では，インターネットでの情報検索が一般化した現代における消費者の購買行動プロセスの変化をとりあげる（図4-4）。

　消費者の購買行動を説明する枠組みの一つとして従来からよく知られている「AIDMA（アイドマ）モデル」は，消費者がマス広告などの情報に接するにつれて，Attention（注意）と Interest（関心）をひき，その商品が欲しいという Desire（欲求）がおこり，Memory（記憶）に焼き付け，Action（行動）つまり購入するという流れで購買行動を説明している。

　しかし，マス広告以外の情報源，とくにインターネットが普及した現在では，マス広告などで Attention（注意）と Interest（関心）をひいてから，ネットで Search（検索）し，購買という Action（行動）をおこす。その後，ブログや掲示板などに購買後の感想を書き込んで不特定多数の人々と情報を Share（共有）するというプロセス「AISAS（アイサス）モデル」へと変化している。さらにこれを拡張した「AISCEAS（アイシーズ）モデル」も提唱されている。

　「AISCEAS」とは，「Attention（注意）」→「Interest（関心）」→「Search（検索）」までは同じであるが，同一商品の販売サイト間を比較する「Comparison（比較）」，そして他の人のくちコミを参考に検討する「Examination（検討）」→「Action（行動）」→「Share（共有）」である[(9)]。

　インターネットが登場していない時代には，製品の情報収集は実際に店頭に赴き，実物を手に取ったり，店員の説明を聞いたり，カタログをみるといった手間と時間のかかる方法が中心であった。一方，インターネット時代になると，企業からの広報や広告のほかに消費者もその商品やサービスの情報を同じネット上で発信できるようになり，手間や時間をそれほどかけずとも莫大な情報の中から，自分にとって必要な情報を収集できるようになった。インターネットの出現は，消費者の購買意思決定プロセスの情報収集・代替案の評価の過程，そして購買後評価における評価情報を広く発信し，その情報が不特定多数の人々の情報収集に役立つようになったという点で大きな変化をもたらしている。

　また，「AISAS モデル」をもう少し進めたものとして，「SIPS（シップス）」という概念も提唱されている。この中身は，「Sympathize（共感）」→「Identify（確認）」→「Participate（参加）」→「Share&Spread（共有・拡散）」である。これまでのモデルは，企業側が提供する情報が意思決定プロセスの出発点であっ

図 4-4　インターネットの登場による購買プロセスの変化

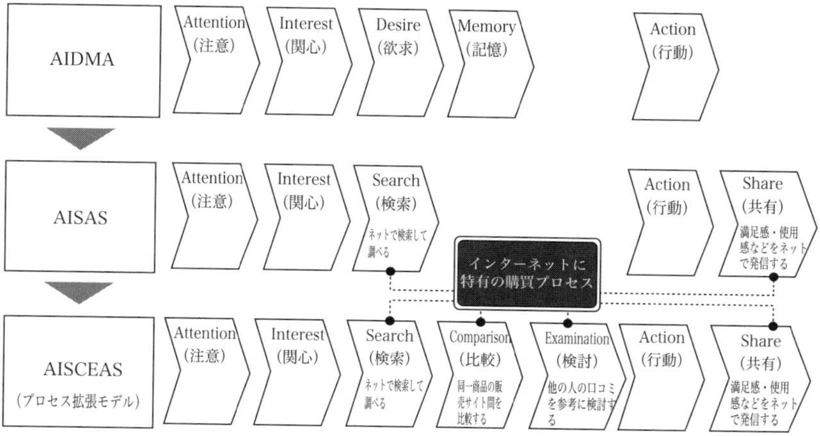

出所：総務省編『平成 23 年版 情報通信白書』ぎょうせい，2011 年，p.61 を一部修正。

たが，この「SIPS」はインターネットの SNS での情報を含めた共感が意思決定プロセスの出発点になっている[(10)]。

2.　電子商取引（E コマース）の拡大と購買行動

　消費者は，自らの消費生活に関して必要な情報を収集し，自分の価値観にあった商品やサービスを選択している。

　インターネットの普及により，日本の消費者向け電子商取引（B to C-EC）の市場規模は，2008 年の 6.1 兆円から 2013 年には 11.2 兆円に達し，EC 化率では，2008 年の 1.8% に対して 2013 年には 3.7% と 5 年間で 2 倍以上に比率が高まっている。また，2013 年の業種別動向では，ほとんどの業種で 2012 年に比べて市場規模が拡大し，特に小売業では衣料・アクセサリーと医療化粧品で，サービス業では宿泊旅行業と飲食業において対前年比 20% 以上の高い伸びを示している[(11)]。

　総務省の調査によると，商品の購入についてネット店舗と実店舗のどちらで購入するかの質問に対して，「CD/DVD/BD 類」および「本」の購入にネット

店舗が多いとの回答があり，大型家電や家具，雑貨や日用品，薬や食品は実店舗で購入される傾向にある。この結果について，本や CD 類は，E コマースの初期から販売されていた物品で，その浸透が窺え，大型家電や家具類は配送料や設置作業等の有無により，また鮮度が重要な食品などは実店舗での購入が好まれていると分析している[12]。

　ところで，企業の電子商取引の事業拡大とともにスマートフォンやタブレット端末等のモバイル機器の普及を背景に，E コマースの分野では，O2O（Online to Offline, Offline to Online）と呼ばれる取組が活発になっている。O2O とは，「ネット店舗やソーシャルメディア等のオンライン側と，実際の店舗を示すオフライン側の購買活動が相互に連携・融合し合う一連の仕組・取組のことを指す」[13]。

　インターネットが普及した現在の購買プロセスにおいて，実店舗で商品を調べてからインターネットショップで購入する，つまり，実店舗では商品をみるだけで実際の購入はネットで行うという「ショールーミング」と呼ばれる行動をとる消費者が出てきている。とくに本と小型家電でショウルーミングの傾向が高い。このショールーミングを意識して実店舗側に誘導する取組も進められている。例えば大手家電量販店の取組をみると，①他店との価格保証，②取り置きサービス，③実店舗と通販サイト間のポイントの相互利用もしくは移動。書店では，店内で店頭にある本の電子版をその場で自社サイトにおいて購入可能にすることや，実店舗と通販サイトとのポイントを共有可能にする取組が行われている[14]。

　前項においてインターネットの出現により消費者の購買プロセスにおける情報収集，代替案の評価の過程が変化してきていることをみた。図 4-5 が示すように，インターネット経由で得た情報をきっかけに店頭に赴いた経験のある人が半数以上いる[15]。また，実店舗でもインターネットでも購入できる商品については，実際の商品がみたい，すぐに欲しい，といった理由から実店舗で購入することを選ぶと考えられる。実店舗側の O2O としては，オンラインクーポンによる実店舗への誘導や GPS 情報と地図情報を組み合わせた店舗検索といった取組が行われている[16]。

図4-5　インターネットの情報と店舗への誘導について

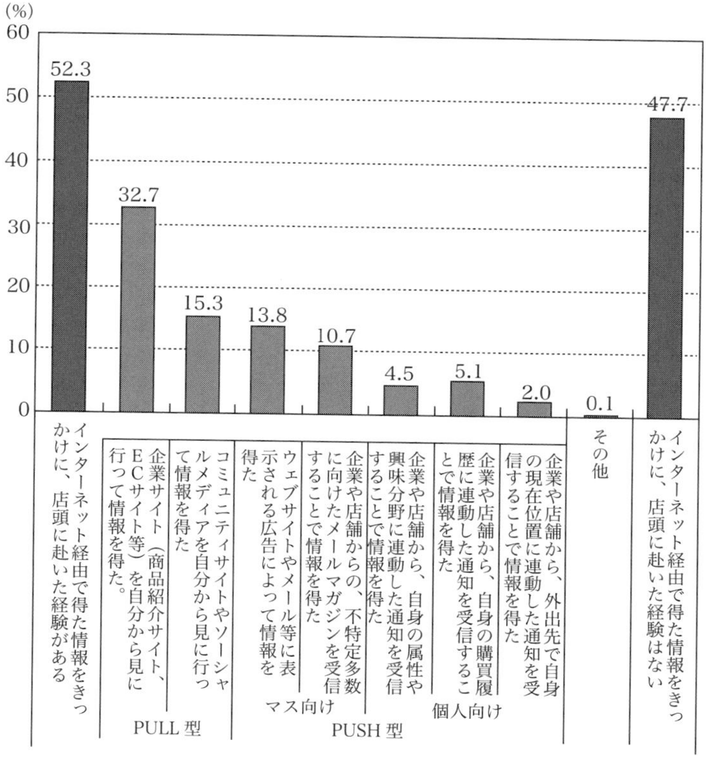

(%)

52.3	インターネット経由で得た情報をきっかけに、店頭に赴いた経験がある
32.7	企業サイト（商品紹介サイト、ECサイト等）を自分から見に行って情報を得た
15.3	コミュニティサイトやソーシャルメディアを自分から見に行って情報を得た
13.8	ウェブサイトやメール等に表示される広告によって情報を得た
10.7	企業や店舗からの、不特定多数に向けたメールマガジンを受信することで情報を得た
4.5	企業や店舗から、自身の興味分野や属性に連動した通知を受信することで情報を得た
5.1	企業や店舗から、自身の購買履歴に連動した通知を受信することで情報を得た
2.0	企業や店舗から、外出先で自身の現在位置に連動した通知を受信することで情報を得た
0.1	その他
47.7	インターネット経由で得た情報をきっかけに、店頭に赴いた経験はない

PULL型　マス向け　PUSH型　個人向け

出所：消費者庁編『平成26年版 消費者白書』2014年，p.48。

　この他にもインターネットを通じて商品を注文すると，最寄の店舗からその日のうちに食料品や日用雑貨等が届けられるサービスを提供する「ネットスーパー」を，大手の総合スーパーが手がけている。このネットスーパーには，小売業者の他にネット事業者や商社も参入している。このようにインターネットの出現により，消費者の購買行動の大きな変化に対応して，小売業やサービス業もマーケティングの分野でO2Oの取組を積極的に行うようになっている。

第5節　消費者を取り巻く今日的課題とマーケティング

　ライフスタイルの多様化や情報源と情報量の増加により，消費者のモノやサービスの購入に関する価値観は多様となった。消費者のニーズを捉え，それに応えるモノやサービスを提供し，満足を与えることを求められるマーケティングは消費者の価値観の変化に敏感でなくてはならない。

　消費者の価値観は，その時代の社会経済の変化に伴って変化する。三浦展によれば，日本は第3の消費社会（1975～2004年）から第4の消費社会（2005～2034年）に移行しつつあると述べている。第4の消費社会では，リーマンショック，2つの大震災，不況の長期化，人口減少等による消費市場の縮小という社会背景に伴い，国民の価値観は，「social」「シェア志向」「社会重視」となってきていると分析している[17]。

　1990年以降，地球環境問題がクローズアップされるようになり「環境」「エコ」を標榜する商品やサービスが数多くみられるようになった。また，途上国との貧富の格差を是正することをめざした「フェアトレード」商品も多く販売されるようになってきている。このような中で，今日の先進国ではこれまでの

表4-1　倫理的消費の分類

環境への配慮	社会への配慮	地域への配慮
・グリーン購入 ・自然エネルギー利用 ・エコマーク付き製品 ・有機農産物 ・国産材 ・車のレンタル・シェア など	・障害者の作った製品 ・フェアトレード製品 ・製品の製造や流通段階で児童労働などの社会問題や環境問題を引き起こしていない製品（たとえばエシカルファッション） など	・地産地消 ・地元商店での買い物 ・応援消費（たとえば風評被害に合っている農産物の購入） など

出所：山本良一「倫理的消費とは何か」（http://www.nhk.or.jp/kaisetsu-blog/400/227006.html　2015年9月19日取得）を一部加筆修正。

ような過剰な消費スタイルに代わって，環境や健康に配慮した消費スタイルや社会の様々な問題に対する消費者の倫理に基づく消費スタイルつまり「倫理的消費（エシカル消費）」が注目を浴びている。

　倫理的消費とは，「購入する商品・サービスの生成や流通過程における倫理性を重視し，環境や利他への影響を鑑みた上で行う消費である」[18]。そして，倫理的消費は表4-1のように分類される。

　『ライフデザイン白書2015』によれば，モノの購入に対する考え方において，「よく考えてからモノを買うようにしている」との回答が2005年の52.9%から2015年には63.3%と増加している。そして，倫理的消費の意識についてみれば，若い世代を中心に意識が高いことが確認されている[19]。今後倫理的消費という考え方が浸透していくと，企業のマーケティングは消費者の倫理的な消費を満足させるような商品・サービスの提供や活動（いわゆるコーズリレーティッドマーケティング）に対してより積極的な対応を求められることになるであろう。

注

(1) 出牛正芳編著『基本マーケティング用語辞典 新版』白桃書房，2004年，p.93。

(2) 朝岡敏行「消費者の位置と機能」辻本興慰・水谷允一編『最新商学総論』中央経済社，1995年，p.53。

(3) 同上論文，p.54。

(4) 杉本徹男「消費者行動とマーケティング」杉本徹男編『消費者理解のための心理学』福村出版，1997年，pp.12-13。および塩田静夫『消費者行動の理論と分析』中央経済社，2002年，pp.3-4を参照。

(5) 消費者の購買意思決定およびその影響要因については，William J.Stanton, Michael J. Etzel, Bruce J.Walker, *Fandamentals of Marketing*, 10th.ed., McGraw-Hill, Inc., 1994, pp.153-177. 佐藤和代「消費者行動」三上富三郎編『新現代マーケティング入門』実教出版，1989年，pp.40-60。および井上崇通『マーケティング戦略と診断』同友館，1996年，pp.116-136を参照。

(6) 尾碕眞「消費者行動と生活情報」小谷正守・伊藤セツ編著『消費経済と生活環境』ミネルヴァ書房，1999年，p.42。

(7) 来住元朗「小売商業と消費者」来住元朗・増田大三・田中道雄『現代商業の構図と戦略』中央経済社，1989 年，pp.158-163。

(8) 鈴木安昭『新・流通と商業』有斐閣，1993 年，pp.89-90。

(9) 電通広告事典プロジェクトチーム編『電通広告事典』電通，2008 年，pp.13-15。および総務省編『平成 23 年版情報通信白書』ぎょうせい，2011 年，pp.60-61 を参照。

(10) 清水聰『日本発のマーケティング』千倉書房，2013 年，p.34。

(11) 経済産業省「平成 25 年電子商取引に関する市場調査」調査結果要旨，pp.1-2。(http://www.meti.go.jp/press/2014/08/20140826001/20140826001-2.pdf 2014 年 9 月 1 日取得。)

(12) 総務省『平成 26 年版情報通信白書』日経印刷，2014 年 7 月，p.188。

(13) 同上書，p.189。

(14) 同上書，pp.190-191。総務省の調査によると，ショールーミングの経験者は日本では 7 割程度おり，物品別では本と小型家電が 3 割前後あるが，大型家電については 15％程度である。

(15) 消費者庁編『平成 26 年版 消費者白書』勝美印刷，2014 年，p.48。

(16) 総務省編，前掲書，p.192。

(17) 三浦展『第四の消費 つながりを生み出す社会へ』朝日新聞出版，2012 年，p.33。

(18) 宮本由貴子「ライフデザイン白書で見る"いまどき消費"」『日経消費インサイト』NO.29,日本経済新聞社地域経済研究所,2015 年 8 月,p.53。また田中洋によれば，「倫理的消費とは，他者・社会とどのようにかかわっていくべきか，それを意識した消費活動である」としている。(田中洋『消費者行動論』中央経済社，2015 年，p.246。)

(19) 宮本由貴子，同上稿，pp.54-55。

（伊藤万知子）

第5章　製品政策

第1節　製品政策とは

1.　製品政策の重要性

　ICT 技術の発展，製品ライフサイクルの短命化，異業種からの市場参入，あるいは発展途上国の経済発展によるグローバル競争の激化など，企業を取巻く外部環境は大きく変化している。このような状況のもとで，企業は消費者の求める製品を市場へ迅速に提供することができるか，消費者ニーズに応えられるような製品を常に提供することが出できるかなど，企業の成長と存続のために長期的視点に立った製品政策の重要性がますます高まっている。製品政策は，消費者にとっても自己表現のツールであり，自らのニーズやウォンツを充足するために必要不可欠なものとなっている。

　製品政策は，マーケティング・ミックスにおけるスタートであり，マーケティング・プログラム全体のなかで中心的な役割を果たす活動と考えられよう。つまり，製品とは売り手と買い手である企業と消費者双方にとって問題解決のためのサービスが詰まったパッケージングといえるのである。

2.　製品の概念

　製品の概念は，人間の身体的・精神的欲求を充足しうる何らかの実質的価値を有し，しかも市場環境を通して有償的な交換となりうるものと捉えられてきた[1]。すなわち，従来からの製品概念は形態的あるいは物理的な概念として考えられており，製品機能そのものの優劣に焦点が当てられていたといえよう。

　しかし，今日の社会における製品とは，性能・性質や物理的属性はもちろん，

それだけには留まらず①製品の有する心理的特性，②製品のもつ意味合い，③製品に付随する顧客サービス，④消費者のブランド・企業に対するイメージなど，消費者の製品に対する選定・評価基準は大きく様変わりしている。つまり，製品とは単に物理的に捉えるだけでなく，より拡大した商品として捉える考え方が必要になってくる。

W. レーザーや J.D. カリー（W. Lazer and J.D. Culley）らは，製品概念について，使用者が便益ないし満足を得られると期待する有形ないし無形の経済的・社会的・心理的諸要素の結合体であると述べるとともに製品とは収益のために使用者に提供される潜在的欲求の束であると企業側の観点から述べている[2]。

また，T. レビット（T. Levitt）は，製品とは消費者が購入するのは物理的な実在ではなく，製品の使用価値から得ることができる便益や問題解決であるとしている。彼は，1/4 インチの大きさのドリルを例にとり「4 分の 1 インチのドリルの購入者は，ドリルそのものを購入したいと考えたのではなく，4 分の 1 インチの穴を購入している。」として消費者の製品購入の意味について述べている。つまり，消費者が製品購入をするのは，製品のもたらす一群の利益を買うことを意味しており，モノそのものに対価を支払うのではなく，購入しようとするモノが，消費者自身にもたらすと信じる効用や価値満足を手に入れるために支払うと説明している[3]。

いっぽう，P. コトラー（P. Kotler）らは，製品について「製品とは，あるニーズを充足する興味，所有，使用，消費のために提供されうるすべてのものを指す。それは，自動車や書籍などの物理的財・有形財（physical product）や理美容コンサートなどのサービス，人間，場所，組織，アイデアを含んでいる。それは，ほかに提供物（offer），価値のパッケージ（value package），便益の束（benefit bundle）とも呼ばれうる。」として製品の概念について説明している[4]。つまり，製品とは，企業の経営活動の中心である売買取引において顧客が識別し，評価することができるすべての要素を含んでいることになる。

また，彼は製品概念を 3 つの階層レベルに分類して提示している。最も基本的なレベルの中心の層は，製品の核（Core product）となる「中核となる便

益（benefit）やサービス（service）」である。消費者は，製品を購入する際には，その物理的・化学的属性を購入しているのではなく，製品を購入することによりもたらされる希望や価値を購入していると述べている[5]。そして，製品の中核となる便益やサービスを取巻いているのが，製品の実態・実在製品（Actual product）であり，製品を実質的に形成している成分，品質，機能，特徴・特性や主にイメージを形成するスタイル，ブランド名，パッケージングなどの感覚部分である。これらは，製品の形態を構築するうえで必要不可欠な部分であり，中核となるベネフィットを捉えるための利便性や質が高い手段を提供できるよう組み合わされている[6]。

　通常，私たちが製品と呼ぶものはこれらの要素によって形成されていると考えられる，今日のマーケティングではさらにそれを取巻く拡張製品（Augmented product），あるいは製品の付随機能と呼ばれる保証，配達・クレジット（信用供与），アフターサービス，取付けなどについても考える必要がある。それらは，製品売買を行う際に発生する様々な付加部分であり，それらも製品の一部として考えることができよう。特に，自動車や家電製品など大型製品や高価格製品などは，上記で示したような付加価値要素が顧客にとっての製品購入の重要な決め手となる場合も多い。

　特に近年の消費者は，非常に多様化・個性化しており，製品の有する本質的機能とは異なる製品価値を重要視する傾向がみられることから，モノとしての製品一般の回りをひとかたまりの価値期待値で覆い，全体としてみた場合に競争相手の製品とはっきりと差別化できるようにする必要がある[7]。

図 5-1　製品の 3 つのレベル

出所：フィリップ・コトラー，ゲイリー・アームストロング，恩蔵直人『コトラー，アームストロング，恩蔵のマーケティング原理』，丸善出版，2014，p.171。

第2節　製品の分類

1.　製品とサービス

　製品は，経済学では財という概念で説明することができるが，空気などの交換価値のない自由財と交換価値の有する経済財に分類できる。さらに，交換価値のある経済財は，物質的に存在する有形財と形のない無形財に分類することができる[8]。

　有形製品と無形製品を2分割論的な立場から有形と無形という区分で比較した場合，サービス製品は①無形性＝実態として形が目にみえないため，購入に際してその品質や内容を事前に味わったり，触れたり，試用することにより評価することができない，②不可分性＝あらかじめ製品を貯蔵しておくことや生産しておくことができず，場所的にも時間的にも生産と消費を切り離すことができない，③消滅性＝モノ的な製品のように継続的に使用できず，生産されると同時に消費されてしまい，その後は残存しないため在庫が不可能である，④変動性＝品質面において，人的行為そのものが製品となる場合が大半であるため，提供する側の状態，熟練度，方法，場所，時間などの差異により品質面で均一性を保持することが困難である，など固有の特徴を有している[9]。そして，買い手となる購買者は，サービスの品質の判断として少しでも不安を軽減するために立地や建物，従業員の態度や服装，言葉づかい，設備，コミュニケーション資料，シンボル，価格，雰囲気など実際に目にみえるものを頼りに品質を判断しようとする傾向が強い。

　このように，サービス製品はモノ的な製品とは異なる特徴を有しているものの，純粋なサービス製品は稀であり，モノ的製品に付随して提供される場合も少なくない。たとえば，法律相談，保険，コンサルティングなどは，モノ的製品を必要とせず独立した形で販売のために提供される純粋サービスから医療，娯楽，修理などのようにサービス製品の販売に付随してモノ的製品の支援を必要とするもの，あるいは信用供与，無料配達，買い物相談，ギフト包装などモ

ノ的製品やサービス製品の販売に付随して提供され，モノ製品の販売の支援や促進のためのサービスなどもサービス製品に含むことができる[10]。

　近年では，消費者を取り巻く外部環境の変化や産業構造の変化に伴い，消費者のサービスに対する需要も増加するとともにその内容も多様化・高度化しているとともに，モノ的製品においても，実際には大半の製品がサービス要素を含んでおり，サービスの重要性はますます高まっていくであろう。

図 5-2　モノ的商品とサービス商品

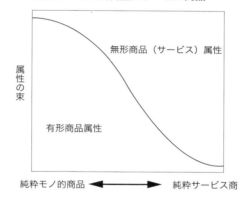

出所：Earl Naumann, *Creating Customer Value*, Thomson Executive Press, 1995,
　　　p.80.

2.　消費財と生産（産業）財

　製品とサービスは，それぞれ利用する顧客の対象の違いにより消費財と生産財（産業材）に分類することができる。この分類方法は，製品が有する特性の相違によってあらかじめ決定されているわけではなく，製品・サービスの購入者である顧客のタイプの相違により分類する方法である。

（1）消費財

　消費財とは，消費者が最終的に個人で使用する目的で購入し，消費する製品やサービスのことであり，消費財を最寄品，買回品，専門品，あるいは非探索品といった消費者の購買行動特性や慣習を基準に区分することができる。

M.T. コープランド（M.T.Copeland）は，買回品（shopping lines）と最寄品（convenience goods）を明確に区別したパーリン（Charles C. Parlin）による消費財の分類に専門品を加えて3つに分類した。この分類はすべて消費者心理の立場から考えられているものの商品における分類の境界線は区分することは困難とされる意見もあるものの，製品分類についての議論の起点となっている。

① 最寄品

最寄品は，便宜品，手近品，日用品とも呼ばれ，消費者が頻繁に少量ずつ，しかも手軽に最小の購買努力によって購入する製品を指しており，一般食料品や日用雑貨品などがこれに相当する。さらに，日常の基礎的消費に基づいて購買される必需品，最小の購買努力の過程で衝動的に購買されるガムや雑誌などの衝動品，風邪薬や傘など緊急時に必要とされる緊急品に分類される。消費者は，これらの商品購入に際して最小限の購買努力しか払おうとしないため，いつでも購入できるようできるだけ多くの小売店舗をカバーする必要がある。

② 買回品

買回品は，消費者が製品購入時に適合性，品質，価格，スタイルなど複数の製品を比較・検討し，そのためには複数の店舗巡ることや製品を比較検討するための時間や手間は惜しまないという比較的購買頻度が低いとされる製品である。具体的には，服飾・宝飾類，家電製品，家具製品などが該当する。買回品では，製品が同質の場合には消費者に対する価格訴求が重要になり，異質の場合には品質・機能やスタイルによる製品の差別化，あるいは販売員や営業力販売の強化が重要と思われる。

③ 専門品

専門品は，消費者が製品に対して特別な魅力やロイヤリティを感じ，象徴的なブランド・アイデンティティをもつなど，その製品を購入するために特別な購買努力を払ってでも購入したいと思われる製品である。デザイナーズ・ブランドやオートクチュールなどの高価格の衣料品や高級腕時計，またロールス・ロイスやベントレーなどの高級乗用車などがこれに相当する。これらの製品は，最寄品や専門品と買回品とを比較して購買頻度が極めて低いが，そのいっぽう

で消費者はそのブランドに対して極めて強い選好をもち，製品や店舗に対してもブランド・ロイヤルティを示すこととなる。したがって，価格政策に重点をおくよりもブランド・ロイヤルティを維持するためのプロモーションが重要となるだろう。

④　非探索品

消費者が，認知していても認知していなくても，普段なら購入しようとは思わない消費財を意味する。一般的に，革新的製品は広告や販売促進を通して消費者が認知するまでは非探索品といえよう。すでに認知されているが，あまり求められていない商品やサービスとしては，生命保険，赤十字の献血，生前手配の葬儀サービスなどを挙げることができる。非探索品は，その性格から広告や人的販売などが必要である[11]。

(2)　生産財（産業材）

生産財は，生産工程で使用される機械設備や原材料，またオフィスで使用する事務機器など，生産者である企業が製品やサービスを生産するために購入する製品である。自動車を例に挙げると，個人で購入し休日などに使用する自動車は消費財であるが，企業で仕事のために使用する自動車は生産財ということになり，その使用目的により消費財と生産財は区別されるのである。消費財が消費者の趣味や嗜好などで購買決定がなされるのに対して，生産財は製品の素材，機能，耐久性，企業間取引などが購買の重要な決定用件となる。

生産財を文売りすると，原材料や部品などの加工材料・部品，生産工程で使用される設備や建造物などの資本財，生産に間接的に使用される消耗品などの補助財，機会のメンテナンスや補修サービスなどのサービス財に分類することができる。原材料は，小麦，果実，家畜などの農畜産物や木材，魚介類，原油，鉄鉱石などの天然資源などが相当する。いっぽう，加工材料・部品には，鉄，糸，セメントやモーター，ベアリング，鋳物などが相当する。

また，資本財は購買者の生産や運用を助けるものであり，工場や事務所などの建造物や発電機やエレベーターなどの固定設備などの装置，さらに工具類やコンピューター，FAX，机・椅子などの移動可能な什器や備品などの付帯設備

がある。くわえて，備品やサービスも生産財と考えられており，潤滑油，石炭，髪，鉛筆などの備品，保守・修繕などに必要な釘や針，ペンキなど，そして契約を締結することにより発生する法律・経営コンサルティングなどの顧問業や広告活動などもサービス財に含むことができよう[12]。

　近年，製品概念は拡張してきており，単に製品やサービスそのものを表すだけではなく，組織，人材場所，ソーシャルマーケティングを中心としたアイデアなども製品に含むことが多くなっている。

第3節　製品計画と意思決定

図5-3　個別商品についての意思決定

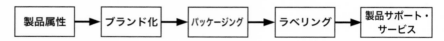

出所：フィリップ・コトラー，ゲーリー・アームストロング，和田充夫監訳『マーケティング原理（第9版）』ダイヤモンド社，2015年，p.354。

1．製品属性

　消費者のニーズが多様化・個性化していくなかで，ほとんどの企業は特定の製品のみを生産したり，ひとつだけの製品を販売することにより存続し成長を続けることは極めて困難になっている。現代社会においては，企業間の製品の品質や機能は，各社とも性能が均衡しており，明確な差別化をすることも極めて困難な状況にあることから，顧客に提供するベネフィットを如何に明確に提示することができるかが必要となる。そして，他社との競争を有利に推し進めるため，市場の細分化は勿論のこと，自社の製品やサービスのコアを定め，自社製品の優位性を少しでも保つことができるようデザイニングやパッケージング，スタイリングなども含めて消費者のニーズに合致するように様々な意思決定を行い製品計画や新製品開発を立てる必要がある[13]。

　製品やサービスの開発では，まず如何なる製品やサービスを提供するかとい

う計画を立て，品質，特徴や特性，スタイル，デザインなどの製品属性を通して顧客に対してのベネフィットを伝達するところから始まる。

2. ブランド化

　ブランドとは，製品やサービスの生産者や販売者を識別する名称，言葉，シンボル，デザイン，あるいはそれらの組み合わせを示している。今日ブランド名がない製品はほとんどないといっても過言ではなく，イチゴやバナナのような果実や米に至るまで様々なブランド名が付けられており，消費者はブランドを製品構成の重要な要素とみなしており，強固なブランドの構築は商品の価値を付加させることができるといえるだろう。言いかえれば，ブランドは消費者が商品を購入する際の大きな手助けとなり，日常的に信頼をしている製品を入手することにより消費者自身が満足する製品を特定することになる。

　いっぽう，企業側はブランドを訴求することによって，消費者に対して製品の品質を十分に理解してもらい，競合他社製品との明確な差別化を図ることが可能になるなど，多くのメリットを生み出す。近年では，大半の商品にブランド名が付けられていることからも理解できるように，ブランドとは単に商品名やシンボルだけを意味しているのではなく，企業にとっては永続的かつ大切な資産であり，企業と顧客の関係性を繋ぐ鍵となっている。すなわち，製品は企業で作られるが，ブランドは顧客の内面で作られるといえよう。

　市場におけるブランド力や価値は企業や製品により様々であるが，企業はブランド・エクイティと呼ばれるブランドの資産的価値を高めようと躍起になっている。ブランド・エクイティとは，ブランド・ネームの認知がもたらす，製品やマーケティングに対する顧客反応の差異効果であることから選好やロイヤリティの獲得能力を測る尺度となるとされている[14]。すなわち，ブランド・ロイヤリティ，知覚品質，企業や製品イメージや連想，商標，チャネルなどマーケティング資産が高ければブランド・エクイティも高いことになるため，企業は少しでも自社や自社の製品のブランド・エクイティを高めようと強固なブランド構築に取り組んでいる。

　企業にとって，ブランドのポジショニング，ブランド名，ブランドの所有形態（ブランド・スポンサー），に留意して強固なブランド構築に取り組む必要がある[15]。

　①　ブランドのポジショニング

　ブランドのポジショニングでは，基本的な製品属性を明確にすること，そして顧客に対して如何なるベネフィットをもたらすかを信念と価値に基づき，顧客と感情のレベルにどう結び付けるかが焦点となる。

　②　ブランド名の選択

　好ましいブランド名とは，製品ベネフィットや品質に対して示唆を与えるもの，発音，認識，記憶が容易であること，独自性があり目立つこと，多言語への翻訳が容易であること，ブランド拡張が可能であること，商標登録や法律的保護が可能であることなどが挙げられる。

　③　ブランドの所有形態

　企業は，一般的にはブランドの所有形態に対してナショナル・ブランド（以下 NB），プライベート・ブランド（以下 PB），ライセンス・ブランド，共同ブランド（コ・ブランド）の方法を選択している。NB は，メーカーブランドといわれ，企業がとりうる最も代表的な形態である。近年では，多数のスーパー・マーケットやコンビニエンス・ストアなどの小売業者や卸売業者が独自のブランドであるプライベート・ブランドを導入するようになっている。日本では，以前はマーケットシェアが低く，業界の下位メーカーがスーパー・マーケットやコンビニエンス・ストアの要請に応じて PB 製品を生産しているケースが多くみられたが，近年では NB を販売している業界の上位メーカーも PB に応じるケースが目立つようになってきている。これまでの PB の特徴は，NB と比較して価格が安く設定されており，価格に敏感な消費者の支持を得ることを目的としていたものが大半であったが，近年ではセブンイレブンが提供するセブンプレミアムのように，価格面を訴求するのではなく，その品質や味などを訴求することにより，NB よりもかえって高価格になったとしても，店舗の差別化や店舗ロイヤリティの引き上げに貢献するような PB も登場している。

いっぽう，ブランドの所有形態としてライセンス・ブランドを選択する企業もある。ブランドを構築するためには，長い年月や費用を必要とすることから，他社が作ったネーミング・シンボル，デザイン，キャラクターなどに一定の使用料を支払うことにより，即座に実績のあるブランドを使用してある程度確実な効果を得ようとする方法である。有名高級ブランドの衣料品やアクセサリー，あるいはディズニーやアンパンマン，ハローキティなどの子供向けキャラクターから大人向けの製品まで多くのライセンス製品がみられる。

また，共同ブランド（コ・ブランド）は異なる企業のそれぞれのブランドを同一製品に使用する方法である。この方法のメリットは，それぞれのブランドが異なるカテゴリーで支配をしていることから，双方を組み合わせることによってそれぞれの製品に好意をもつ顧客に対してアピールすることにより相乗的にブランド・エクイティが高まると考えられる。

④ ブランド開発

ブランドを開発する代表的な方法はライン拡張，ブランド拡張，マルチ・ブランド，新ブランドの４つがある。ライン拡張とは，既存のブランドで特定の製品カテゴリーに形状，カラー，風味，フレーバー，サイズ，容器などを変更した新商品を導入することである。新製品の導入戦略の大部分はライン拡張の戦略で成り立っているといっても過言ではない。

また，ブランド拡張とは新しいカテゴリーの製品にすでに成功しているブランド名を使用して新製品や改良された製品を市場に投入することである。この方法を用いることにより，即座に認知が得られ市場に受け入れられることから，通常必要となる高額な広告費や販売促進などの費用を節約することが可能となる。そのいっぽうで，万が一この方法が失敗した場合には，同じブランドを有する他の製品のイメージを傷つけてしまい，消費者のブランドに対する態度を悪化させてしまうというリスクも伴う。

マルチ・ブランドとは，同一製品のカテゴリーの中で複数のブランドを展開することである。この方法は，顧客セグメントのそれぞれに対応する対応できるような特性や特徴を確立することを狙ったものであり，商品棚のスペースを

確保し，マーケットシェアの拡大が可能となる。この方法のデメリットは，それぞれのブランドが多くのマーケットシェアを獲得できない可能性がある点や，高収益を確保できない場合があることである。その結果，多くのブランドに経営資源を投入したにもかかわらず，どのブランドにおいても収益を確立できない可能性もある。

　新製品のカテゴリーに進出する場合，既存のブランド名のそれぞれがふさわしいブランド名でないことから新ブランドを構築する場合もある。しかしながら，新ブランドを多く導入してしまうと，逆に経営資源を拡散してしまうことになり経営状態の悪化を招くことになる場合も出てくるであろう。

3.　パッケージングとラベリング

　パッケージとは，製品を収納する箱，容器，包装紙のデザインを指している。元来，パッケージの役割は製品を保護することが主要な目的であったが，近年では製品から販売に至るまでマーケティングツールとしての役割やブランドを認知させる役割も担っている。特に，消費者保護の観点から，製品の安全性が叫ばれる中で不正開封防止のパッケージが開発されたり環境問題に配慮したエコパッケージが登場したりするなど安全性や環境問題に対応するための役割を果たすようになっている。

　またパッケージの一部となっているラベリングも製品やブランド認識において重要な役割を果たしている。それは，荷札のような簡単なものから凝ったデザインのものまで多種多様であり，生産者，生産場所，生産時期，内容物の成分表示などの製品情報を提示する目的を果たしている。

4.　製品サポート・サービス

　企業が市場に製品を提供する際には，いくつかのサービス的要素が含まれている。企業の中には，競争優位を獲得するための手段として製品サポート・サービスに重きを置く企業が増加している。企業は，ターゲットとなる顧客がニーズを満たし，満足するように，定期的にサービス価値を評価し，新たなサー

ビスを提供するための調査を行う。そして，サービスのためのコストを考慮しながら常に一連のサービスを提供することになる。

第4節　製品ミックスとライン

1.　製品ミックスとライン

　現代社会において大半の企業は，一つのラインで一種類の製品を製造・販売するのではなく，複数の製品ラインやアイテムを有しており，市場動向に対して取り扱い製品数を増やしたり廃棄したりするなど，常に様々な消費者のニーズにきめ細かく対応できるよう製品ミックスを展開している。AMA（アメリカ・マーケティング協会）によれば，製品ミックスとは一企業あるいは一事業単位によって販売に供せられている全製品の集合体であると定義されている[16]。それは，一企業が販売している製品ラインと製品アイテムから構成されており，製品ラインは一企業が販売している多くの製品のうち，機能などの基本性能，カテゴリー，使用用途やターゲット，販売チャネル，価格帯などが類似しており，密接な関係にある製品グループである。また製品アイテムとは，一つの製品ラインの中にある個別製品であり，主に顧客サービス水準などの付帯的機能や形態部分のカラー・柄・サイズ・重量・価格などのバリエーションによって取引対象として識別でき，製品属性が異なる最小単位である[17]。

　製品ミックスの構造は，製品ミックスの幅，深さ・奥行，長さ，整合性という4要素から構成されている。製品ミックスの幅とは，企業が取り扱う製品ラインの数であり，奥行とはひとつの製品ライン内で異なる形状，サイズ，カラー，デザインなどを異にする個々の製品アイテム数のことである。また製品ミックスの長さとは，企業が販売している製品アイテムの総数であり，製品ミックスの整合性とは，製品の用途，販売チャネルなどの企業が取り扱う製品ラインの類似性を示している[18]。

　製品ミックスには，拡張，修正，縮小という3つの基本的な調整方法がある。拡張とは，既存の製品構成に新たな製品ラインや同一製品のライン内に製品ア

イテム数を増やす，あるいはその双方を増やすという方法で製品を拡張することである。この方法は，製品に対する消費者の選択幅を広げることにより，多様な消費者ニーズに対応することにより市場を拡大する目的がある。

　もうひとつの製品ミックスの調整方法としては，既存製品の改良と新用途の開拓など，新たなターゲットをみつけ出し製品ミックスを修正することによって最適化を図ろうとするものであり，新製品を開発する場合と比較して，コストやリスクも小さく新たな利益を生み出す可能性を秘めている。

　また製品ミックスの縮小も，企業が取りうる製品ミックスの調整方法のひとつである。ある製品ライン全体を無くして市場から撤退する方法もあれば，製品ライン内の品揃えを見直し，製品アイテム数を縮小したり整理したりする方法もある。この目的や狙いは，利益をもたらさない製品や売れ行きが減少した製品を排除することにより，少数の製品で効率・効果的な製品政策を展開することや自社の経営資源を利益率が高く，成長性の高い製品群に重点的に配分することにより市場での競争力を強化しようとする狙いがある。企業にとって，製品ミックスを縮小することは，マイナスのイメージが付きまとうが，自社の強みを生かすための戦略という観点からこのような調整は数多くの企業でみられる。

2.　プロダクト・ライフ・サイクル

　マーケティングの対象となる製品やサービスにも生き物と同様に寿命がある。製品やサービスの寿命とは，ある製品やサービスが市場に導入されてから時間の経過とともに市場から廃棄されるまでの過程を示しており，この寿命をそれぞれ導入期，成長期，成熟期，衰退期と呼び，4段階に分類し説明したものがプロダクト・ライフ・サイクル（product life cycle=PLC）である[19]。マーケティングの意思決定者は，自社製品とPLCの段階を検討し，各段階の特徴を理解した上でマーケティング計画や戦略を遂行することが必要となる[20]。

(1) 導入期（period of introduction）

　導入期は，製品が市場に導入されて間もない時期であり，製品名，品質や性

能, 効用などが十分に認知されていない段階である。この段階では, 売上は徐々に拡大するものの大きな伸びは見込めず, 生産量も少ないため単位当たりのコストも極めて高い。企業は消費者に対して, できるだけ早い時期に製品を認知してもらい購買に結びつけるために広告など多額のプロモーション費用を投入する。また設備の償却や販売チャネルを確立するための費用も少なくないとされる。したがってこの段階では, 大半の場合は赤字でありたとえ利益が生まれた場合でもわずかである。企業は顧客の反応をうかがいながら, 次の段階の成長期に進み市場に受け入れられるような製品に成長するように品質面などの製品調整を行う。

(2) 成長期 (period of growth)

　成長期は, 市場に導入された製品が顧客に認知され, 売上高が急速に伸びるとともに市場全体での需要が急速に深まる時期である。そして, 多くの競合企業も市場に参入するため競争は激しいものとなる。企業は自社のブランド・ロイヤルティの確立を目的とした説得的なプロモーション活動を中心としたマーケティング活動を展開する。売上の拡大により単位当たりの製造コストや販売コストが低下することから損失から利益に転じるようになる。そのいっぽうで, 競争に敗れた企業は市場から撤退することとなる。

(3) 成熟期 (period of maturity)

　成熟期になると, 製品に対する需要の伸びが次第に弱くなり, 市場は飽和状態となるため, 市場全体の成長率が鈍化し始める。この段階では, 多くの企業が参入を果たしており, 過剰生産が生じるため各企業の激しい顧客獲得競争が行われる。企業は, 価格の引き下げ, 販売促進費の上乗せ, 製品デザインやパッケージ・デザインの変更などの製品差別化をするためマーケティング・コストが増大する。このような状態の中で, 多くの企業が競争から脱落していくため寡占化傾向が強まる。

(4) 衰退期 (period of decline)

　新製品や代替品の出現により, 売上高・利益とも急速に下降線をたどるため, 多くの企業が市場から撤退を始める。この段階では, 各企業は現状を維持する

べきか，あるいは市場から撤退するべきかという意思決定を行う。たとえ，現状を維持したり製品数を絞り込んだりすることにより市場に留まる場合でも，広告費などのマーケティング費用は極力抑えられることとなる。

　PLC は製品の売上高，あるいは利益と時間の推移によって示されるが，典型的なパターンでは，S 字型の成長曲線を描くとされている。しかし，売上高や利益の形状や長さは製品の種類によって異なり，明確なカーブを描くとは限らず多様なパターンを描く場合が多い。それは，成熟社会の到来に伴い市場は飽和状態になっており，今日のように技術革新が激しく，流行に対する消費者需要の移り変わりの速さによりマーケティング戦略も従来とは大きく異なっており全般的に短命化の傾向にある [21]。PLC の概念がマーケティング・ミックスにおいて重要であるとされているのは，企業は自社のマーケティング・ミックスを PLC の各段階に応じて変更や修正を行うことがマーケティング戦略を成功に導くことに他ならない。

図 5-4　製品ライフサイクルの概念図

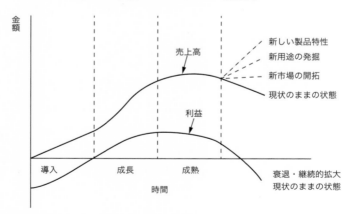

出所：徳永豊編著『マーケティングの管理と診断』同友館，1989 年，p.157。

表 5-1　PLC の特性，目的，戦略の概略

	導入期	成長期	成熟期	衰退期
特　性				
売上	低調	急速に上昇	ピーク	減少
コスト	顧客 1 人につき高コスト	顧客 1 人につき平均的コスト	顧客 1 人につき低コスト	顧客 1 人につき低コスト
利益	マイナス	上昇	高利益	減少
顧客	イノベーター	初期採用者	中間の多数派	遅滞者
競合他社	ほとんどなし	増加	安定から減少	減少
マーケティング目的				
	製品認知と製品試用の促進	市場シェアの最大化	市場シェアを守りつつ利益を最大化	支出の減少とブランドの収穫
戦　略				
製品	基本製品の提供	製品拡張，サービスと保証の提供	ブランドと製品アイテムのモデルの多様化	弱いモデルの段階的除去
価格	コストプラス方式の採用	市場浸透価格	競合他社に匹敵する価格か競合他社をしのぐ価格	値下げ
流通	選択的流通の構築	開放的流通の構築	より進んだ開放的流通の構築	選択的流通への回帰：収益性の低い販売店の除去
広告	初期採用者とディーラーにおける製品認知の確立	マス市場における認知と関心の確立	ブランドの差異とベネフィットの強調	中核となるロイヤル・ユーザーの維持に必要なレベルまで縮小
販売促進	製品試用の促進を目的とした大規模な販売促進の利用	縮小して大量の消費者需要を利用	ブランド・スイッチングを促進するために拡大	最小レベルまで縮小

出所：P. コトラー，ケビン・レーン・ケラー，恩蔵直人監修，月谷真紀訳『マーケティング・マネジメント 基本編（第 3 版）』丸善出版，2014 年，p.241。

第 5 節　新製品開発

1.　新製品とは

　現代企業において，新商品開発における成功，失敗は，基準などにより違いはあるものの，以前から千三つといわれていたように成功率は極めて低いというのが現状である。

　企業が市場に対して新製品を提供する方法は，自社の研究開発部門において新製品を開発する方法と，他の企業を買収したり，他の企業から特許・ライセンスやフランチャイズを買い取ったり外部の研究機関や企業と契約をして新製

品の開発を委ねる方法に大きく分けられる。

　P. コトラーはブーズ・アレン＆ハミルトンの新製品におけるカテゴリー分類を例に取り，新製品のカテゴリーについて以下のように６つに分類している[22]。

① これまでにない新製品＝革命・革新的製品であり，まったく新しい市場を創造する製品

② 新しい製品ライン＝すでに確立している市場に企業が初めて参入する新製品

③ 既存製品ラインへの追加＝パッケージ，容量，テイスト，フレーバーなどの変更を加えたり変えたりすることにより既存の製品ラインを補う新製品

④ 既存製品の改良や変更＝既存製品の改良や変更により性能の改善もしくは知覚価値を増大させ，既存製品の代替となる新製品

⑤ リポジショニング＝既存市場における自社の製品のポジショニングを見直し，新市場や新セグメントを狙った新製品

⑥ コスト削減＝コスト削減により，低コストで既存製品と同程度の性能を提供する新製品

　このように新製品の捉え方は，カテゴリーに分類したりする方法や，確立された消費のパターンに対してその兵品が及ぼす効果により分類する方法など[23]様々なものがあるが，一般的にはオリジナル製品，改良品，修正品，自社の研究開発によって開発された新ブランドをさしている。

　しかし，どんなに技術的に優れていても，発売時期のタイミング，製品ポジショニング，ブランド構築，価格設定の失敗，あるいは販売チャネルの誤り，プロモーションの不足，競合企業との競争に敗北する，社会や政府による規制，開発プロセスの高コスト化，ライバル企業の商品の出現など，様々な要因によって市場での成功を収めるのは極めて困難になっている。新製品の開発は，成功を収めれば企業の業績を大きく向上させるが，失敗すれば企業の存続を危うくするほどの危険をはらんでいる。

　特に近年は，革新的な新製品は全体の 10% にも満たないとされているが[24]，

それは新製品開発に巨額の費用が必要であること，あるいは消費者ニーズの分散化や多様化が顕在化しており大きなヒット商品が生まれにくい環境にあること，製品ライフサイクルの短命化など，企業に取って真の新製品開発がますます困難になると予測できる。

　それにもかかわらず，企業が研究開発に莫大な費用を投入し新製品を市場に導入するのは，企業における新製品の売上や利益に占める割合が大きいことや競合企業との競争を優位に進めるために，既存製品に頼っていては存続が困難であり，新製品が極めて重要な意味をもつことを理解しているからである。

　したがって，企業はこれまで以上に明確にターゲットを設定し，新製品開発において細心の注意を払うとともに販売不振の製品や採算が見込めない製品の販売を即座に中止するなどスクラップ・アンド・ビルドといった政策を取り入れ，ライフサイクルの長い製品開発を心がけるべきであろう。

2.　新製品開発の体制

　新製品開発では，ターゲットとなる消費者に対して，その商品を購入したいと思わせるような魅力を着想し構想させることが重要である。したがって，消費者のニーズを的確に捉え，そのニーズを満たす製品のベネフィットを生み出す機能や性能面の特徴を企画することがマーケティングにおいて新製品開発担当の領域となる。そして，その企画内容をもとに機能や性能を実際に開発するのが研究開発機関（R&D）の業務であり，デザイン開発をするのがデザイン部門の領域となる。新製品開発においては，常に顧客を意識し顧客満足を獲得できるかに焦点を注ぐことが重要であり，技術的に優れた製品を作れば売れるという研究開発部門や生産現場にありがちなシーズ志向一辺倒の考え方では，今日の多様化・成熟化した社会で受け入れられないだろう。したがって，新製品開発では技術を常に優先して進めるプロダクト・アウトという考え方よりも顧客ニーズを常に意識しながら製品開発を行うマーケット・インを原則として考えなければならない。

　特に，近年の新製品開発ではマーケティング部門を中心に研究開発部門，デ

ザイン部門などを含めて企業内のすべての部門との協力体制をはかることが重要である。製品を開発するには，莫大な研究開発費用がかかることや高額な人件費や多くの時間を費やすため，基本的な方向付けや組織編成はトップ・マネジメントのもとで全社を挙げて円滑に進める必要がある[25]。

3. 新製品開発のプロセス[26]

新製品を成功に導くためには，トップ・マネジメントの了解のもとでしっかりとした製品計画を立てるとともに，開発手順を系統立てて進めることが重要である。新製品の開発手順は以下のプロセスを経て行われる。

（1）アイデア創出

新製品開発の最初の段階は，製品開発担当者を中心に，顧客，科学者，競合他社，従業員，チャネルメンバー，経営陣など新製品に関するアイデアをできるだけ多く収集することから始められる。そしてそれらの情報を前提として，ブレーン・ストーミング，KJ法，NM法などの様々なアイデア発想の手法を用いてアイデアをできるだけ多く提出することから始められる。

（2）アイデア・スクリーニング

アイデア創出の目的は，数多くの情報を様々な尺度から創り出すことが目的であるが，次の段階としてそれらを取捨選択することにより，少数の魅力的なアイデアに絞り込むこととなる。その際の基準となるのは，市場に送り出した場合のターゲットに受け入れられるだろうか，企業にとって利益をもたらす製品になりうるかどうかという市場性や採算性の問題，技術的に製品化が可能かどうかという技術的可能性，現有の生産設備で生産が可能であるかという設備投資の問題，原材料の入手の可能性の問題，自社のチャネルに乗せることができるか，あるいは新規チャネルの開拓が必要かどうかという流通の問題などニーズ，シーズ両面から検討がなされる。

（3）コンセプト開発とテスト

アイデアを絞り込んだら，そのアイデアをもとに製品コンセプトを明確にし

ていく。まず製品コンセプトをラフな仮説としてまとめ，修正を加えながらコンセプトを固めていく。そして，コンセプトの仮説を検証するために，グループ・インタビューやコンセプト・テストなどを行い，ターゲット集団の新商品に対する反応や評価を探ることとなる。

(4) マーケティング戦略の立案

新製品に対するコンセプト・テストの後には，新製品を市場に導入するための予備的なマーケティング戦略計画が立案される。戦略計画は，まずターゲットとなる市場規模，構造，行動，さらに予定された製品のポジショニング，発売後 2，3 年後の売り上げ，マーケット・シェア，利益などが目標値として設定される。次に予定価格，流通戦略，初年度のマーケティング予算の概略が記される。そして，長期的な売上目標と利益目標，時間の経過に従ったマーケティング・ミックス戦略が決定される。

(5) 事業分析

製品コンセプトや製品のポジショニング，市場規模，売上高，市場シェア，コスト，利益目標，リスクなど製品全体にわたり企業目標を満たす製品であるかを検討する。企業目標を満たす満足な結果が確認された場合には次の段階へと移行することとなる。

(6) 製品開発

新製品のアイデアを具体的に CG や模型など利用しながらプロトタイプの作成段階へと移行する。技術部門や研究開発部門でテストや評価が行われ，経済性，市場性，機能性，安全性などの観点から，製品に対する実現の可能性を判断する。

(7) テスト・マーケティング

テスト・マーケティングの段階では，新製品を実際の市場で顧客や流通業者などの反応を確かめるためのテストを行うことによって市場に導入するかどうかを確認する。

(8) 商品化と市場導入

テスト・マーケティングの結果を踏まえてパッケージ・デザイン，チャネ

ル，価格設定などマーケティング・ミックスの立案が行われ，最終的にトップ・マネジメントの判断により商品化され，最終的に市場導入へと移行する。その際には，製品の性質や機能などの適正を十分に考慮したうえで市場への導入を図る必要がある。その基準となるのは，いわゆる 5W1H といわれる① What= 具体的に何を販売するのか（製品仕様），② When= 時期やタイミング，③ Where= 地域やチャネル（如何なるチャネルを利用するのか，どこで販売するのか），④ Whom= 誰に対して販売するのか（ターゲット），⑤ How= マーケティング導入計画，などである。

4. 新製品の普及過程

E.M. ロジャース（Everett M. Rogers）は，新製品が普及していくプロセスをイノベーションとして捉え，消費者に購買・採用され，徐々に市場全体に普及していく過程を革新者（innovators），初期採用者（early adopters），前期大衆・初期多数者（early majority），後期大衆・後期多数者（late majority），採用遅滞者・遅延者（laggards）の 5 つのグループに分類しモデル化している[27]。採用に

図 5-5　新製品開発の意思決定プロセス

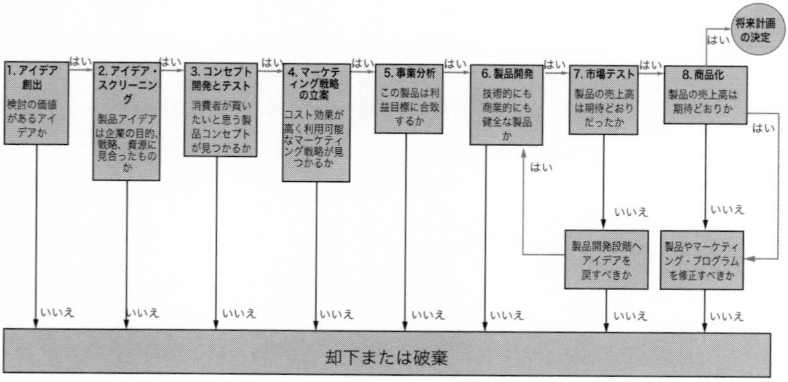

出所：P. コトラー，ケビン・レーン・ケラー，恩蔵直人監修，月谷真紀訳『マーケティング・マネジメント基本編（第 3 版）』丸善出版，2014 年，p.228.

図 5-6　新製品の普及過程

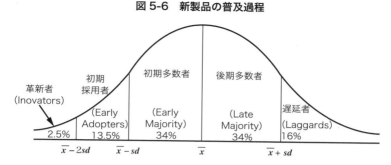

出所：Everett M. Rogers, *Defusion of Innovations*, Third Edition, The Free Press
A Division of Macmillan publinshing Co. Inc.,1983, pp.247.

　影響を与えるのは，ある人が別の人の態度や購買確立に影響を与える個人の影響力であり，追随する者にとっては最も重要である。

　採用率に影響を与える特性は，イノベーションが既存製品と比較してどの位優位性をもつかという相対的優位性，そして，イノベーションが個人の価値観や経験と合致しているかという適合性，またイノベーションの理解の困難性の度合いである複雑性，あるいは限定された条件下で使用できる度合いである分割可能性，さらにはベネフィットが他人に観察したり伝達したりする度合いを意味する伝達可能性がある[28]。

　5つの採用者のグループは，下記のようにそれぞれ異なる価値観をもっているとされている。

　①革新者 =（2.5%）

　真っ先に新しいアイデアを採用する冒険心に富み，リスクを受け入れていく特長を有する。

　②初期採用者 =（13.5%）

　尊敬を受けており，初期大衆層である前期追随者に対してオピニオンリーダーとして影響力をもっており，早い時期に慎重にアイデアを採用する特徴があるとされる。

③前期追随者 =（34%）

初期大衆層とも呼ばれリスクを回避し熟考する行動を取ることが大きな特徴とされている。彼らは，リーダーになる事はほとんど稀であるが平均的な人々よりも早く新しいアイデアを採用する。

④後期追随者 =（34%）

用心深く疑い深い性格をもち，大多数の人々が試みた後にイノベーションを採用する。

⑤遅延者（16%）

非常に伝統的・保守的な特徴を有しており，変化に対して懐疑的であり，それ自体が一種の伝統となった時点でようやくイノベーションを採用する人々である。

　この研究は農村社会学を出発点としており，農産物のイノベーションを基にしているが，農産物の普及率は 100% に到達するのに対して，製品の場合は普及率は製品によって大きく異なる点から様々な問題点も指摘されている。

　いずれにしろ，この曲線は製品ライフサイクルにおける段階がこの採用曲線に対応している。企業のマーケティング担当者にとっては，自社の新製品の普及プロセスの進行度合いや製品普及に際して，それぞれの段階のオピニオンリーダーを把握できればコアとなるターゲットに対して的確なマーケティング戦略を立てることが可能になることから，消費者行動の特性を知るうえで有用である。

注

(1) 加藤勇夫，寶多國弘，尾碕眞編著『現代のマーケティング論』ナカニシヤ出版，2006 年，p.43。

(2) W.Lazer and J.D. Culley, *Marketing Management: Foundations and Practices*, Houghton Miffin Company,1983, p.443.

(3) T. レビット，土岐坤訳『発展のマーケティング』ダイヤモンド社，1975 年，pp.11-12。

(4) P. Kotler and G. Armstrong, *Marketing : An Introduction*, 4th Edition. Prentice-Hall, Inc., 1999, P. コトラー，G. アームストロング，恩蔵直人監修，月谷真紀訳『P. コトラーのマーケティング入門』株式会社ピアソン・エデュケーション，2007 年，pp.269-270。

(5) P. コトラーは，製品階層について中核となるベネフィットあるいは問題解決のサービスを基本レベルとし，パッケージ，ブランド名，特徴，デザイン，品質水準が製品実態として基本レベルを取り囲み，それらの上位に設置，アフターサービス，保障，納品およびクレジットを製品の付随機能，あるいは拡延商品が取り囲むように3つのレベルに分類し説明をしていたが，ミレニアム版からは中核ベネフィット，基本製品，期待製品，拡張製品，潜在製品として製品レベルを5つレベルに分類し，顧客価値のヒエラルキーとして説明している。

(6) フィリップ・コトラー，ゲーリー・アームストロング，和田充夫監訳『マーケティング原理（第9版）』ダイヤモンド社，p.349。

(7) T. レビット，土岐坤訳，前掲書，p.12。

(8) 松江宏編『現代マーケティング論』創成社，2004年，pp.114-115.

(9) P. Kotler, *Marketing Management*, Millennium Edition, Tenth Edition, Prentice-Hall, Inc.,2001, P. コトラー，恩蔵直人監修，月谷真紀訳『マーケティング・マネジメント』ピアソン・エデュケーション，pp.530-532。

(10) 加藤勇夫，寶多國弘，尾碕眞編著，前掲書，pp.46-47。

(11) フィリップ・コトラー，ゲイリー・アームストロング，恩蔵直人『コトラー，アームストロング，恩蔵のマーケティング原理』，丸善出版，2014年，p.173。

(12) フィリップ・コトラー，ゲーリー・アームストロング，和田充夫監訳，前掲書，pp.351-352。

(13) 新製品の開発や調達，取り扱い製品の種類の決定，既存製品の新用途の開発，ブランド・包装・ラベルなどの決定，スタイル・サイズ・カラー・材質などの決定，生産数量の決定，販売価格の決定など戦略的意思決定の諸活動」と W.J. スタントンは説明している。W. J. Stanton, *Fundamentals of Marketing*, 7th ed., Mcgraw-Hill Book Company, 1984, pp.182-183.

(14) フィリップ・コトラー，ゲイリー・アームストロング，恩蔵直人，前掲書，p.189。

(15) 同上書，pp.191-193。

(16) Committee on Definitions,: A glossary of Marketing Terms, American Marketing Association,1963, p.19.

(17) 加藤勇夫，寶多國弘，尾碕眞編著，前掲書，pp.58-59。

(18) P. コトラー，村田昭治監修，小阪恕，疋田聰，三村優美子訳『マーケティング・マネジメント』，プレジデント社，1991年，pp.307-308。

(19) プロダクト・ライフ・サイクルについては，新製品が発売される前のアイデアの創出段階を加えて製品開発期，導入期，成長期，成熟期，衰退期の5つの段階に分類してそれぞれを説明する文献もある。

(20) P. Kotler, *Principles of Marketing*, P. コトラー，村田昭治，和田充夫，上原征彦『マーケティング原理』ダイヤモンド社，1992年，p.363。

(21) P. Kotler, K.Keller, 恩蔵直人監修，月谷真紀訳，前掲書，pp.406-408。

(22) P. Kotler, K.Keller, 恩蔵直人監修，月谷真紀訳『コトラー＆ケラーのマーケテ

ィング・マネジメント（第 12 版）』丸善出版，2014 年，pp.789-790。

　Booz, Allen&Hamilton, *New Products Management for the 1980s*, New York: Booz, Allen& Hamilton,1982.

（23）T.S.Robertson, J. Zielinski and S. Ward, *Consumer Behavior*, Scott, Foresman and Company, 1984, T.S. ロバートソン著，加藤勇夫・寶多國弘訳『革新的消費者行動』白桃書房，1975 年，pp.7-9，新製品の類型化の部分を参照のこと。

（24）P. Kotler，恩蔵直人監修，月谷真紀訳，前掲書，p.406。

（25）P. Kotler，P. コトラー，恩蔵直人監修，月谷真紀訳，同上書，pp.411-413。

（26）P.Kotler and G.Armstrong, *Marketing: An Introduction*, 4th Edition, Prentice-Hall, Inc., 1999, P. コトラー，G. アームストロング，恩蔵直人監修，月谷真紀訳，前掲書，p.236。

（27）詳しくは，Everett M. Rogers, *Diffusion of Innovations*, 3rd. Edition, New York: Free Press, 1983 を参照のこと。

（28）P. Kotler, K.Keller，恩蔵直人監修，月谷真紀訳，前掲書，p.236。

参考文献

加藤勇夫, 寶多國弘, 尾碕眞編著『現代のマーケティング論』ナカニシヤ出版, 2006 年。

ケビン・レーン・ケラー，恩蔵直人監訳,『戦略的ブランド・マネジメント』東急エージェンシー，2015 年。

P. Kotler and G. Armstrong, *Marketing: An Introduction*, 4th Edition. Prentice-Hall , Inc., 1999, P. コトラー，G. アームストロング，恩蔵直人監修，月谷真紀訳『P. コトラーのマーケティング入門』株式会社ピアソン・エデュケーション, 2007 年。

フィリップ・コトラー，ゲーリー・アームストロング，和田充夫監訳『マーケティング原理（第 9 版）』ダイヤモンド社，2015 年。

P. Kotler, K. Keller, 恩蔵直人監修, 月谷真紀訳『コトラー＆ケラーのマーケティング・マネジメント（第 12 版）』丸善出版，2014 年。

小川孔輔『マーケティング入門』日本経済新聞社，2009 年。

池尾恭一, 青木幸弘, 南千恵子, 井上哲浩『マーケティング』有斐閣，2010 年。

（岡本　純）

第6章　マーケティング・チャネル政策

第1節　流通とマーケティング・チャネル

　経済活動において生産と消費の形態は歴史を辿ると大きく変化していることがわかる。自給自足の経済では生産と消費は様々な点において一致している。しかし，経済が進展すると社会的分業が進行する。この社会的分業は生産と消費に様々な隔たりを生じさせる。この生産と消費の様々な隔たりを橋渡しすることによって財のもつ価値を高める経済活動が流通である[(1)]。

　流通を分析する方法は2種類のアプローチ方法がある。第1のアプローチ方法は，生産者によって生産された製品がどのような経路をたどり，需要者（消費者）に至るかを構造的に把握するアプローチ方法である。第2のアプローチ方法は，個別企業[(2)]が自社製品を最終消費者に提供するために，どのようなマーケティング・チャネル政策を行えば最も効率的に流通させることができるかという個別企業のマーケティング観点からのアプローチである[(3)]。このようにアプローチの方法が異なればその対象も異なる。

　第1のアプローチ方法の対象は「流通機構」(structure of distribution) である。これは生産者から消費者へ至る製品の経路を社会経済的（macro economic）視点からみた場合，どのような機能が必要で，どのような流通機関を採用すれば製品を効率的に流すことができるかについて検証される。

　J. A. ハワード（J.A. Howard）によれば，流通機構とは特定の時期にすべての企業が用いる販売経路の総称であり，人口や技術といった流通の構造変化に企業の意思決定が及ばず，統制不可能なものであると示している[(4)]。また，田島義博は「生産者が自らの製品を流通させるために，最適経路を選択する選

択母体が流通機構である」と述べている[5]。

　第2のアプローチ方法の対象は，「販売経路」(marketing channel) もしくは「流通経路」(distribution channel)，あるいはマーケティング・チャネル (marketing channel) である[6]。これは個別経済的 (micro economic) 視点からみた場合，どのようなマーケティング・チャネルを選択すれば，自社製品が効率的に消費者へ流れるのかが検証される[7]。

　D.J. ダンカン（D.J. Duncan）は「流通経路とは生産者から産業使用者あるいは最終消費者への財の移動に関わる仲介業者およびその他の買い手と売り手である」としている[8]。ハワードは販売経路（流通経路）を「生産者が製品を使用者に流すための代理人の組合せであり，特定の企業が自社製品に適した販売経路を設計，管理，選択し得る企業の意思決定が及ぶもの」としている[9]。また，L.W. スターン（Louis W. Stern）は「マーケティング・チャネルとは，使用または消費可能な製品およびサービスを生産する過程に関わる一連の相互依存の組織である」としている[10]。

　第2のアプローチ方法については特に企業の観点から考慮されるものである。この観点について加藤勇夫は「特に個別の企業の経営的観点から見た場合，売買関係や製品[11]の所有権や使用権の移転および物理的移動のためだけの経路ではなく，企業が目的意識的努力をもって最終消費者へ流す経路である」と述べている[12]。個別企業が意思決定の対象の範囲として捉えるものがマーケティング・チャネルといえる。

　以上のように視点の違いはあるが，両アプローチは基本的にはメーカーから消費者へ価値を流す経路を対象としている点において共通であるといえる。そこで本章では，特に企業の経営的観点から自社製品を効率的に流通させるためにメーカーが行うマーケティング・チャネル政策の基本的な方法について概説する[13]。

第2節　マーケティング・チャネル研究の変遷

　メーカーが自社製品を流通させるために行われるマーケティング・チャネル政策では，異なる組織間の相互関係がマーケティング・チャネルの構築に大きく影響を与える。メーカーの競争優位を維持し組織の成長を促進するためには，両者の組織間関係に着目しいかにマーケティング・チャネル政策の効率的な展開に結び付けるかが問われる。

　マーケティング・チャネル政策においてはメーカーと流通業者間を一つの集団単位として認識し，共通した目標に従って行動することを要求する。しかし，「集団の目標と目的は彼等にとってもっとも重要であるが，集団の構成員は，必ずしも結合したり，参画するとは限らない[14]。」とあるようにメーカーのマーケティング・チャネル政策の達成目標を常に流通業者が共通してもつとは限らない。このように，マーケティング・チャネルにおけるメーカーと流通業者の取引関係を巡っては，これまでに多数の研究成果が蓄積されてきた。よって，以下は既存のマーケティング・チャネル研究の変遷について概観する。

1.　構造選択アプローチ

　構造選択アプローチとはメルビン T. コープランド（Melvin T. Copeland），ポール D. コンバース（Paul D. Converse），デルバート J. ダンカン（Delbert J. Duncan）らによって体系化された。このアプローチはメーカーが取り扱う製品特性によってメーカーと最終消費者間の流通業者の取引段階と取引数が規定されうるとしたアプローチ方法である。すなわち，最終消費者に対してメーカー自ら直接的に販売するのかあるいは流通業者を介在させて間接的に販売するのかが検討される。また，間接的な販売を選択した場合では，さらにどれくらいの流通業者と取引するのかを規定するマーケティング・チャネルの開放度を決定する[15]。

2. 組織拡張アプローチ

　組織拡張アプローチとはバレンティナ F. リッジウェイ（Valentine F. Ridgeway），ブルース E. マレン（Bruce E. Mallen），ラリー J. ローゼンバーグ（Larry J. Rosenberg），ルイス W. スターン（Louis W. Stern）らによって体系化された。従来の伝統的チャネルに代わり，所有権や契約などの管理手法を用いてマーケティング・チャネルを1つの調整されたシステムとして捉えるアプローチである。それらは，垂直的マーケティング・システム（vertical marketing system）と呼ばれ，メーカーが，自身の製品流通を市場取引に全面的に委ねるのではなく，組織内部の命令や権限に類似した仕組みをメーカーの製品流通の取引のなかに組み入れようとするものである[16]。

3. パワー・コンフリクト・アプローチ

　パワー・コンフリクト・アプローチとはルイス W. スターン（Louis W. Stern），ジョン F. ガスキ（John F. Gaski），石井淳蔵らによって体系化された。チャネルは制度的に独立した複数の組織から構成されるシステムであるとし，マーケティング・チャネルを社会システムとして捉えるアプローチである。経済システムの性格だけではなく，機能的な相互依存関係を中心とした社会システムとしての性格を有しているとしている。パワー・コンフリクト・アプローチで捉える社会システムとしてのマーケティング・チャネル内における企業の行動側面としては，交渉，コンフリクト，協調，パワー，成果，役割，満足，政治・経済，実証研究，モデル開発がある[17]。

4. 関係協調アプローチ

　関係協調アプローチとはジェームス C. アンダーソン（James C. Anderson），ジェームス A. ナルス（James A. Narus），渡辺達朗，崔相鐵らによって体系化された。このアプローチはマーケティング・チャネル政策に関係性マーケティングのアプローチを適用し，メーカーと流通業者との長期的取引関係から協調的関係を構築するとしたアプローチである。緊密なコミュニケーションや信頼，

さらにはコミットメントを基盤として，売り手と買い手の間に継続的かつ協調的な取引関係が形成される。そして，その協調的な取引関係によって当事者間において高度な調整が促進されることによって，マーケティング・チャネルにおける競争優位性が確立されると指摘している。

5.　情報処理能力と環境不確実性の統合モデルアプローチ

　情報処理能力と環境不確実性の統合モデルアプローチとはパワー・コンフリクト・アプローチと協調関係アプローチの鍵概念であるパワーと信頼を中核とした統合モデルである。また，相互信頼は組織間の情報処理能力の格差を呼び環境不確実性によって規定されるとしている[18]。

　以上のようにマーケティング・チャネル研究はその対象がメーカーと流通業者との取引関係を中心に研究が重ねられてきた。しかしながら，メーカーが流通業者との関係をどのように構築するかは，企業が置かれている環境に依存していることはいうまでもない。そこでは，企業はあくまで将来予測され得る環境変化に対応するためにマーケティング・チャネル政策を修正，変更する。このようにして，企業のマーケティング目標を達成するためにマーケティング・チャネル政策の展開においては外部環境の把握とその適応が求められるのである。

第3節　マーケティング・チャネル政策の展開

　メーカーは企業の基本命題である永続性を全うするために，長期的に事業を成長させなければならない。その手段としてマーケティングによって顧客満足を通じて顧客の創造と維持に努めることが求められる。この際，消費者に満足を提供するのは製品だけではなく，メーカーと消費者を結び付けるマーケティング・チャネルにおいても満足を提供するために考慮されうる重要な要素である。

　メーカーはマーケティング・チャネルを通じて製品だけではなくサービスや情報などを消費者に提供する。どのような方法で自社製品を効率的に消費者まで流通させることができるのかをメーカーは検討しなければならない。このよ

うにメーカーが自社製品を流通させるために行うチャネルの設計・構築・管理に関する諸活動がメーカーのマーケティング・チャネル政策である[19]。チャネルは，マーケティングにおける企業が統制可能な要素であるマーケティング・ミックスの一要素である。J.E. マッカーシー（J. E. McCarthy）の 4P's モデルにおける場所（Place）としてマーケティング活動の全領域と密接な関わりをもつ[20]。

　メーカーが行うチャネル政策の対象はメーカーから卸売業者と小売業者の範囲である[21]。しかしながら，本来企業にとって統制不可能な外部環境要因である流通機構をある程度統制可能な内部環境へと転換していくことがチャネル政策の基本であるといえる。チャネルの構成機関である卸売業者や小売業者は，通常資本的に独立している外部企業である。これらの構成機関に対して効率的な自社製品の流通というメーカーの意思決定を共通した目標として共有させ，有効な構成機関として機能させるためには，高度な意思決定と管理手法が求められる[22]。これらはチャネル政策の主体であるメーカーが流通業者に与える影響力の強弱によって異なる。メーカー側では製品，ブランド，販売，販売促進などの基となる資本，人材，技術，情報などの影響力が考えられる。流通業者側では，販売，仕入れ，販売促進などの基となる資源が考えられる。メーカーの製品が流通業者に対して与える影響力の優位性の度合いはさまざまであり，製品の種類によって流通業者に対する優位性の有無あるいは強弱の程度が変化する[23]。

　第2次世界大戦以前は生産単位が小さく中小規模のメーカーが多かった。特に生鮮食料品市場では，問屋といった流通業者が生産者に対して大きな影響力をもっていた。しかし，第2次世界大戦後には，大量生産体制を確立し大規模化したメーカーが大きな影響力をもつようになり，メーカーと流通業者の力関係が逆転した。その後の高度経済成長期には，量産された製品をチャネルの拡大によって市場に広範囲に浸透させる政策が行われ，その結果チャネルの拡大が即売上げに連動するようになった[24]。

　しかしながら，時間の経過とともに経済環境は変化し，それに応じてメーカ

ーと流通業者のパワー・バランスも刻々と変化している。経済の低成長および
サービス経済の進展などの影響から，メーカーの流通業者に対する影響力は，
小売業者によるプライベート・ブランド製品の開発など特定製品においては影
響力が縮小傾向にあるといえるが⁽²⁵⁾，多くの場合はメーカーが流通業者に対
して優位であるといえ，メーカー主導によるチャネル政策が行われている。

第4節　チャネル設計における条件設定

1.　製　品

　メーカーがチャネルを設計する場合，製品の特性によってチャネルの設計の
大きな方向性が決定される。消費財，あるいは産業財どちらを取り扱うかによ
っても大きく異なる。消費財の場合では自動車などの耐久消費財か，あるいは
日用雑貨品，生鮮食品などの非耐久消費財かなどについて検討される。

2.　標的市場の特定

　その製品の市場がもつ性質はチャネルの設計に大きな影響を与える。どのよ
うな標的市場に製品を流通させるか対象を絞りこまなければならない。消費財
の場合は，最終的な標的対象者は消費者となる。その特定においては標的対象
者の性格・特性を分析する必要がある。すなわち「誰が，なぜ，どこで，いつ，
どのように，何を，購入するのか」という観点から，性別，年代，職業，所得
などの定量的変数，地域，市町村，人口密度などの地理的変数，社交性，保守
性，ブランドロイヤルティなどの定性的変数を基準として購買行動分析をする
必要がある⁽²⁶⁾。

　販売地域の選定も行う必要がある。全国販売あるいは特定の地域のみの販売
か，製品の種類別による販売地域の特定などの場合もある。

　このようにメーカーが自社の影響力，流通業者との力関係，法的規制，など
の諸環境条件を考慮して，ある一定の特性で細かく区分し，その標的市
場における消費者の需要に製品を合致させる政策を「市場細分化」（market

segmentation）と呼ぶ。チャネルの設計段階においては，中期的政策および長期的政策に分けて行うことが重要である[27]。

第5節　チャネルの設計

1. チャネルの長さ（長・短）の設定

　メーカーが自社製品を最終消費者（最終使用者）に販売するためには，チャネルを構成する流通業者の数を検討しなければならない。これはチャネルの段階数の決定である。流通業者の数が多ければ多段階であり，長いチャネルとなる。一方，流通業者を介在させない，もしくは少ない場合は短いチャネルとなる。チャネルの長さの類型として以下が挙げられる。

図 6-1　主要なチャネル選択のパターン

A. 消費財のチャネル　　　　　　　　　　B. 産業財のチャネル

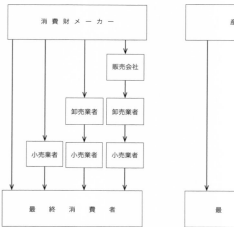
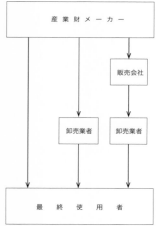

出所：出牛正芳『マーケティング管理論』白桃書房，1979 年，p.216 を一部加筆。

　メーカーが自社製品を消費者（使用者）に販売する場合，二種類のチャネルに分けられる。一つはメーカーが直接消費者（使用者）に製品を販売する直接チャネル（Direct Channel）である。もう一つは，メーカーと消費者との間に

流通業者を介在させる間接チャネル（Indirect Channel）である。

　直接チャネルには訪問販売と通信販売の二種類がある。また自社の直営小売店もある。訪問販売には職場訪問と家庭訪問があり，家庭訪問では就労形態の変化による在宅率の低下や，オートロックマンションの増加などが影響し苦戦している。自動車の販売においても，従来の家庭訪問販売から店頭販売への転換が進んでいる[28]。

　通信販売には，テレビ，ラジオ，カタログ，ダイレクトメールなどの媒体を利用して販売が行われるが，近年の情報技術の進展によりパソコンおよび携帯電話を利用したインターネット通信販売が急速に伸びている[29]。専業者以外にもメーカー，流通業者なども通信販売を実施している。海外ブランド，和菓子，アパレルなどのメーカーが自社製品を直営の小売店のみで販売している例もある。直接チャネルは，消費者の態度の変化をいち早く知ることができ，マーケティング・ミックスを素早く調整できるというメリットがある。また，流通業者への対応が簡素化でき，自社の専門的な販売員を活用することができる[30]。すなわち，メーカーの意思決定が迅速に行える。しかし，メーカーがすべての作業を担うため，コストが増大するデメリットもある。

　間接チャネルには，介在させる流通業者が卸売業者・小売業者の場合や，小売業者のみの場合など間に介在させる流通業者の段階によって様々なタイプがあり，今日において一般的なチャネルといえる。卸売業者を1次卸，2次卸，3次卸と複数介在させるチャネルもある。この間接チャネルは，日用雑貨品，加工食品などの最寄品を全国販売するメーカーが多く採用する。生鮮食品においては，卸売市場を経由するパターンをとる。化粧品の場合，各メーカーのチャネル政策の違いから，①一般品流通，②制度品流通，③訪問販売品流通の3タイプに大別できる[31]。近年は，この3タイプに加えて通信販売とりわけインターネット通販を採用するメーカーも多い。化粧品の流通においては，すべての消費財のチャネル形態が利用されている。

2. チャネルの広がり（広・狭）の設定

特定メーカーが自社製品のすべてを同一のチャネル形態で流通させているとは限らない。メーカーは，自社製品を様々なチャネルを利用して流通させることで，多数の市場と接触し購買機会を作るのか，それとも特定のチャネルに限定するのか，水平的な市場との関連において選択する必要がある[32]。複数の製品を生産している場合は，製品によってチャネルを単一チャネル，複数チャネル，多数チャネルに変更する場合がある。

多数・複数チャネルでは，購買頻度が高く，購買単価が小さい最寄品をより多くの市場に浸透させるため，消費者の多様な購買行動に対応するためなどが考えられる[33]。例えば，大規模小売業者に直接流すと同時に卸売業者を通じて小規模小売業者に流すメーカーは，複数チャネルを採用している[34]。企業が対象とする標的顧客の性質や製品特性，企業規模などによっても異なるが，チャネルの多数・複数化は進展している。

多数・複数チャネルの採用は，各チャネルが形成する販売価格差が大きいほど，チャネル間競争や段階間競争による衝突・対立（conflict）が発生する可能性がある。戦後の新しい業態の成長・拡大とともに，量産体制を確立したメーカーが伝統的な取引関係にあった一般小売店以外にも，大量で安定的な取引関係を大型専門店などと築き，関係を形成してきた。家電，化粧品，時計などの市場では，多数・複数チャネルの形成が系列店と量販店との間で販売価格やその他の取引条件を巡って対立の原因となった[35]。

こうした問題を回避するために，同一製品で複数チャネルを利用することはまれである[36]。家電製品のチャネルの段階については，家電製品そのものが低価格の最寄品的なものから高額な買回品，専門品までと多様な範囲にわたるため，チャネルは多種多様化している。家電製品のチャネル別販売シェアでは，大規模量販店がシェアを拡大し，地域家電店のシェアが減少している。しかし，地域家電店においては住宅地に立地し，顧客との密接な関係構築，個別対応が可能である。また，大規模家電量販店によるインターネット販売も進展し，今後はよりチャネルの多種多様化が進んでいる[37]。

3.　チャネルの幅（開・閉）の設定

　最善のチャネルは自動的に発生するものではない。自社製品を流通させるうえで最適なチャネル政策を立案しなければならない。その要件として各地域においてどの程度の範囲まで市場に接触させるかを決定しなければならない。これは，チャネルを構成する流通業者数の選定であり，メーカーが最も満足する販売と利益をもたらすために必要な意思決定である。D.J. ダンカン（D.J. Duncan）はメーカーが行う主要なチャネル政策における3つのチャネル類型を提示している[38]。これは，チャネルを開いたチャネルにするか，閉じたチャネルにするかの程度を選択することであり，多数にするか限定するかである。その際メーカーがチャネル政策の選定にあたってなすべきことは製品の分析である。なぜならば，この分析は製品の性質および用途がその潜在市場を決定すると同時に，製品をこの市場へ効果的に流通させるために必要なチャネルの決定の助けとなるからである[39]。チャネルの開閉の程度は製品の性格によって規定される[40]。

（1）開放型チャネル政策（intensive marketing channel policy）

　この政策は，製品あるいは製品ラインを最大限市場に露出させようとするものである。メーカーとの取引を希望している独立した多数の卸売業者や小売業者に対して，彼らに自社製品を扱ってもらうことで，できるだけ多くの消費者に製品を流通させることを意図した方式である。メーカーが流通業者に対して大きな統制を図らず，比較的自由に販売させる。このチャネル形態は，低価格で購買頻度が高い日用雑貨品などの最寄品に多く採用されている。

　この政策が採用される要因は，最寄品のように単価が安く，利益が少ない製品は大量に販売することが求められる。そのような製品に対して特定のチャネルを選択したのでは，需要に対するチャネルのキャパシティが十分でなく，また，流通コストも高くなるためである[41]。

（2）選択型チャネル政策（selective marketing channel policy）

　メーカーが一定の基準・条件に適合する流通業者を選択し，その基準に合致した流通業者に自社製品の販売，取り扱いを認め，その流通業者のみと取引を

行う方式である。化粧品・家電品などに多くみられる。買回品は消費者が自己の好む製品を比較しながら選択するため，ある程度の品揃えが必要であり，製品説明も要求されるため，接客サービスや商品知識が必要である。場合によってはアフター・サービスが求められることから，メーカーの一定の基準を満たした流通業者を選別して流通させる[42]。

(3) 排他型チャネル政策（exclusive marketing channel policy）

選択型チャネル政策をさらに限定した方式で，限定された流通業者に特定の権限を与え，特定地域における特定製品の販売権を与える。一般に代理店や特約店といわれるもので，担当する地域商圏の違いによって，一手契約販売代理店や共同専売代理店契約などがあり，メーカーからの十分な技術指導や支援が行われる。自動車や楽器などの高価格で製品の販売，サポートなどに専門的知識や技術を要する専門品と呼ばれる製品に多く採用されている。

例えば，自動車のチャネルでは，当該地域商圏（テリトリー）において専属的にディーラーと契約を結ぶ専売代理店契約に該当する[43]。新車の場合は，メーカーは取扱車種，販売地域を基準とした系列ディーラーを抱えている。系列ディーラーにおいては，契約を結んだメーカーのみの車種を取り扱うため，他メーカーの車，場合によっては同一メーカーでも取り扱えない車種もある。自動車の製品特性上，高度な製品知識，サービスが必要であるため排他型チャネル政策が採用されている。

4. チャネル政策の変更

メーカーは，既存のチャネル，特に競合企業の採用するチャネルを研究することによって，そのうちから自己に最も適したチャネルを選択，決定し，もしも満足すべきチャネルがない場合には，新たなチャネルを設計しなければならない。チャネルの設計においては，製品の性格に応じて長さ，広さ，幅などのチャネル形態を変更する必要がある。メーカーが多種製品をつくっていれば，単に一種のチャネルだけではなく，多くのチャネルを利用する必要に迫られる。新たなチャネルを設計する場合，既存のチャネルを踏襲するのか，あるいは新

たなチャネル開拓が有利であるか，などを十分に検討しなければならない。しかしながら，必ずしも製品特性の分類どおりのチャネル形態を設計するのではなく，市場環境やマーケティング政策などによって柔軟に変更することも必要である[44]。

　過去の事例としては，松下電器産業が挙げられる。松下電器の製品はメーカーと契約を結んだ「ナショナルショップ」と呼ばれる地域販売店で主に販売していたが，上述したように，現在ではその多くが家電量販店と呼ばれる大規模小売業によって販売されている[45]。

　自動車においては，依然として系列メーカーの専売が継続されている。しかし，従来は車種ごとに厳密に区分されたチャネルが採用されていたが，近年では，ショッピングモール内に同一メーカーの全系列チャネルが同一店舗で運営されているものもみられる[46]。

　また，近年では，一部の菓子メーカー，家電メーカーなどが，開放型チャネル政策から，一部直営店の展開による直接チャネルを採用する動きもみられる。理由としては，市場の縮小による消費者への接点の多様化，PBの進展によるNBに関する情報発信の強化，などが挙げられる。スマートフォンの普及によって，以前よりも消費者との直接的な関係性を構築することが容易になることで，従来とは異なる視点での直接チャネル政策が展開されつつある[47]。

　以上のように，経済状況は常に変化しており，革新的な技術の進展や産業動

表 6-1　製品特性とチャネル形態

	広　　狭	長　　短	開　　閉
最　寄　品	広	長	開
買　回　品	｜	｜	｜
専　門　品	狭	短	閉

出所：斎藤忠志「メーカーと流通」青木均・石川和男・尾碕眞・斎藤忠志『新流通論』創成社，2007年，p.138。

向の変化はチャネルの設計に大きな影響を与える。情報技術の急速な発展は消費者のライフスタイルや購買行動を変化させた。特に高速インターネットの普及によるインターネット通販の進展は著しく，メーカーは既存のチャネルとの調整，もしくは新たなチャネルの展開を考慮することが求められる。

第6節　チャネルの管理

1.　対立の発生とその抑制

　チャネル形態は取り扱う製品，標的市場の違いによって変化する。同一市場においてもメーカーごとにマーケティング目標が異なるため，当然採用されるチャネル政策も異なる。メーカーのチャネル政策に関わる重要な問題は，メーカーと流通業者との関係である。チャネルはメーカーと流通業者の独立した組織から構成されるため，当然各々の目的，役割，意思決定の方法などは異なる。自社の目標達成を優先させると，結果，両者の間には対立が生じる。チャネル内の対立は異質性と不安定性の2つの軸で構成される環境不確実性の程度によって増減する。しかし，この対立の発生はメーカーと流通業者の目標を達成するための共同意思決定を困難にさせる。

　メーカーは対立の発生要因となる不確定要素を取り除くために，事前に行動の範囲を限定する，あるいは不確定要素を探知して対応する。すなわち，チャネルを統合することによって環境不確実性をできうる限り抑制，制御しチャネル内の同質性，安定性を確保する[48]。

　メーカーと流通業者各々が担う機能は相互依存関係にあるといえ，両者の継続的な関係がなければチャネルの安定性は保たれず，互いの目標を達成することも困難になる。しかし，企業規模の点からみればメーカーと流通業者の関係は，メーカーがその主導的な立場にあるといえる。両者の関係はパワーによって規定され，おのずと対立への対応もメーカーによってなされる。

2.　チャネルの管理手段

（1）パワーの行使

　チャネルを構成するメーカーと流通業者の間には対立関係が存在し，その管理する手段としてパワーを行使する。パワーには，報酬，強制，専門性，正統性，同一性の５つがある。報酬とはチャネル・リーダーの意思決定に対する協力の程度によって与えられるリベートなどである。強制とは，チャネル・リーダーの意思決定に対して協力しない場合における取引の制限などである。専門性とは製品や販売手法に関する専門的な知識の提供である。正統性とは，チャネル・リーダーがパワーを行使することは正しいことであると認識することである。同一性とは，チャネル・リーダーに対して自ら進んで協力しチャネル内の一員であると認識することである [(49)]。

　この５つのパワーは性質の違いから２つのパワーに大別される。一つは経済的パワーであり，もう一方は非経済的パワーである。報酬と強制は経済的パワーに該当するが，その行使には報酬は金銭的な限界，強制は法的な限界がある。その他の非経済的パワーは，専門性には人的な限界，正統性および同一性は時間的な限界がある。いずれにせよパワーの行使には限界性が伴う [(50)]。

（2）チャネル管理手法としての価格政策

　報酬パワーの源泉は流通業者に対してリベートを提供する価格政策にある。リベートには多くの種類があり，基本リベート，支払いリベート，販促リベート，機能負担リベート，商品リベート，占有率リベート，特別リベートなどがある。リベートの量はメーカーと流通業者間の関係によって変化する。製品と企業のブランド力や市場占有率などによっては流通業者に対してより多くのリベートを提供する場合もある [(51)]。

　しかし，リベートを背景とした報酬パワーの行使については，リベートの支払い根拠が不明確であり，独占禁止法に抵触する可能性のある場合もある。米国においてはアローワンスと呼ばれる方法が採用されており，リベートの支払い根拠が契約などによって明確に規定されている。わが国においてもビールなどのアルコール飲料など，コストオン方式と呼ばれるリベート制が採用され従

来のリベート制を見直されている。

(3) チャネル管理手法としての販売促進

　メーカーが直接消費者に対して製品を販売する直接チャネルを採用しない限り，消費者と接し製品を販売するのは小売業者である。よって，メーカーは製品の販売をより促進させるために，小売業者に対して様々な販売促進活動を実施する。その内容は，パンフレット，ノベルティ，POPなどにはじまり，製品，市場に関する詳細な情報提供にいたる。すなわち専門性のパワーである。また，統一した店舗デザイン，品ぞろえ，社員教育なども含まれる。

(4) チャネル管理手法としての組織の統一化

　メーカーは流通業者に対して優先的に自社製品を積極的かつ効率的に販売してもらうために，流通業者の組織化を行う。この組織化は，正統性および同一性のパワーにおいて検討される。一般的に流通業者はメーカーとは独立した組織である。仮に，両者の利害が一致しない場合は，自社製品を販売することによって流通業者の目標が達成される方法を採用することが必要である。特定の製品を販売することによって活動が制限される場合もあるが，製品供給や，ディーラー・ヘルプと呼ばれる販売支援などを優先的に享受できるメリットが生じる[52]。これらの販売促進活動は卸売業者，小売業者に対して行われる。卸売業者や特約店と呼ばれる専売契約を結ぶ場合や，卸売業者だけではなく小売業者も組織化することもある。これらの流通業者の組織化は流通系列化とも呼ばれている。

3.　取引関係の強化によるチャネルの管理

(1) 流通系列化

　流通系列化（affiliated distribution system）とは，メーカーが自社製品の安定的販売，価格の維持を目的として，流通業者に対して支配的な関係を結ぶものである。当初は，優先的な自社製品の販売が目的であったが，次第にその関係が強化されていった結果，現在の流通系列化が形成された。しかし，わが国におけるこれらの流通系列化に対して，諸外国からは1990年の日米構造協議に

おいて閉鎖的であり，わが国特有のものであるとされたが，米国においては垂直的マーケティング・システム（Vertical Marketing System）と呼ばれる。

（2）流通系列化の実施

メーカーにとって流通系列化を実施する最大のメリットは，自社のマーケティング政策を流通業者に対して忠実に実施することができる点にある。さらに，販売取引先を継続的に確保することもできる。

対して流通業者はメーカーとの取引を長期的に継続でき，また自己の安定的経営が行える点にある。また，ディーラー・ヘルプに代表される店舗運営，従業員教育，リベートなどの金銭的支援をメーカーは受けることができる。

このように流通系列化はメーカー，流通業者双方にとってメリットがある一方，デメリットも存在する。メーカーは流通業者に対して各種の手厚い販売支援活動を行う必要があり，そのための費用がかかることである。また，自社製品以外の他社製品を販売することを禁じるような行為が行われることである。競争を制限する方法として，再販売価格維持，テリトリー制，専売店制，リベート制などがあげられる[53]。しかし，このような競争を制限する行為を流通業者と結ぶことが流通系列化であるともいえる。流通系列化が問題となるのは，独占禁止法に照らして違法性が認められた場合であり，それらについては改善が必要であろう。さらに，小売業者の大規模化によって，流通系列化にみられるメーカーと流通業者の一方的な関係を築くことが難しい状況にある。製品の種類によっては流通系列化が有効である市場も存在する。

第7節　新たなマーケティング・チャネル政策の動向

1．オムニ・チャネルの採用による顧客接点の多様化

オムニ・チャネル（omni channel）とは，「すべて（omni）の顧客接点（channel）」を意味する。すなわち，小売業者が実店舗やWebサイト，ソーシャルメディアのみならず，テレビやDMなどオフラインを含むあらゆる販売チャネルを統合して，顧客が望む形で購買体験を提供する政策のことを指す。オムニ・チャネ

図 6-2 オムニ・チャネルの概念図

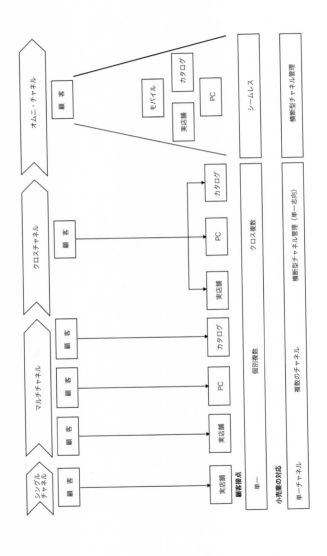

出所：National Retail Federation, "Mobile Retailing Blueprint A Comprehensive Guide for Navigating the Mobile
Landscape Version 2.0.0", 2011, p.2, Figure1 をもとに筆者作成。

ルの考え方は，2011年に全米小売業協会（National Retail Federation）の報告書
で提示されたものである。

　従来は，顧客との接点は1つのチャネルを採用するシングルチャネルであ
ったが，その後，通信販売，インターネット通販，モバイル，ソーシャルメ
ディアといった顧客との接点が出現し，企業との接点が増加することにより，多
種多様なチャネルを利用することが可能となった。まさに，情報技術の進展と
りわけ，スマートフォンの普及による消費者購買行動の変化への対応であろう。

注

(1) 久保村隆祐『商学総論〔五訂版〕』同文舘出版，2002年，pp.2-3。
　　Edwin H. Lewis, *Marketing Channels: Structure and Strategy*, McGraw-Hill
　Inc., 1968, pp.1-3.
　　ここでは生産財，消費財，サービス財など財の種類は区別しない。
　　生産と消費の隔たりには以下が挙げられる。①所有権，②場所，③時間，④数量，
　⑤情報
(2) 以降は生産者，メーカーをメーカーと記す。
(3) 田島義博『流通機構の話』日本経済新聞社，1965年，pp.9-10。
(4) John A. Howard, *Marketing Management: Analysis and Decision*, Richard D.
　Irwin Inc., 1957, p.179. (J. A. ハワード，田島義博訳『経営者のためのマーケテ
　ィング・マネジメント―その分析と決定―』建帛社，1960年，p.174。)
(5) 田島義博，前掲書，p.16。
(6) 第2のアプローチ方法の対象については様々な用語が用いられている。以降は，
　マーケティング・チャネルと統一して記す。なお，用語の定義においては研究者の使
　用している用語を用いる。
(7) 加藤勇夫『マーケティング・アプローチ論―その展開と分析―』初版，白桃書房，
　1979年，p.136，および，加藤勇夫「マーケティング経路と政策」『商学研究』第
　16巻第1号，1968年，pp.159-160。
(8) D.J. Duncan "Selecting a Channel of Distribution", Charles F. Phillips,
　Marketing by Manufactures, Rev.ed., Richard D. Irwin, Inc., 1951, p.175.
(9) John A. Howard, *op.cit.*, p.179, pp. 262-284. (訳書，pp.174-200, pp.258-279.)
　　また，マーケティング・フロー（marketing flows）という概念が重要であり，生
　産者から使用者へ広げるフローを経路としている。そのフローとは，①物的所有，

②所有権，③販売促進，④交渉，⑤金融，⑥危険負担，⑦注文，⑧支払が挙げられる。各フローの詳細は，David A. Revzan "Marketing Organization Through the Channel", Bruce E. Mallen, *The Marketing Channel: A Conceptual Viewpoint*, John Wiley & Sons, Inc., 1967, pp.3-4 を参照されたい。

(10) Louis W. Stern, Adel I. El-Ansary, *Marketing Channels*, 1sted, Prentice-Hall, Inc., 1977, p.3.

　スターンは，マーケティング・チャネルの定義において，以下の点が重要であると指摘している。

　①マーケティング・チャネルは，一企業のみが市場において経済活動を行うことが最善ではなく，メーカー，卸売業者，小売業者，などの多くの構成機関が相互に業務活動において関わっている。

　②マーケティング・チャネルの目的は，市場における最終使用者を満足させることであり，消費者および最終産業購買者においてもいえる。

(11) 製品と商品の違いは，メーカー段階にある場合は製品とし，メーカーから流通業者に販売された時点で商品と呼ぶが，生産，流通，消費にわたる場合は，製品と記す。

(12) 加藤勇夫，前掲書，p.158。

(13) 以下，本文ではマーケティング・チャネルをチャネルと表記する。

(14) 加藤勇夫，前掲書，p.245。

(15) D.J. Duncan "Selecting a Channel of Distribution", Charles F. Phillips, *Marketing by Manufactures*, Rev.ed., Richard D. Irwin, Inc., 1951, pp.181-188 参照。

(16) 石井淳蔵，前掲書，p.11。

(17) Shelby D. Hunt, Nina M. Ray, Van R. Woo, "Behavioral Dimensions of Channel of Distribution: Review and Synthesis", *Journal of Academy of Marketing Science*, Vol.13, No.3, 1985, pp.2-5., 崔容熏「チャネル系譜の研究」マーケティング史研究会編『マーケティング研究の展開　第1巻』同文舘出版，2010年，p.88。

(18) 結城祥「マーケティング・チャネルにおけるパワーと信頼」『三田商学』第49巻第7号，2007年，pp.38-39。

(19) 斎藤忠志「メーカーと流通」青木均・石川和男・尾碕眞・斎藤忠志「新流通論」創成社，2007年，p.133。

(20) 柏木重秋「販売経路」出牛正芳・宮沢永光編『最新マーケティング論』ダイヤモンド社，1976年，p.161参照。E. Jerome McCarthy, *Basic Marketing: A Managerial Approach*, Richard D. Irwin, Inc., 1960, p.47.

　　マッカーシーは，場所においては標的市場に対して適切な製品を届けることに関係するすべての問題，機能，制度を検討するとしている。

(21) メーカーと消費者の間に介在し，流通に関する業務を担う卸売業者や小売業者を総称して流通業者と記す。チャネルの構成に重点を置く場合は，マーケティング・チャネルの構成機関，流通機関と記す。

(22) 三浦功「マーケティング・チャネル政策の考え方と進め方」三浦功・木綿良行・懸田豊・三村優美子『変貌する流通とマーケティング・チャネル』税務経理協会，1984 年，p.124。

(23) 青木均・石川和男・尾碕眞・斎藤忠志，前掲書，p.133 参照。

(24) 三村優美子「流通構造変化とマーケティング・チャネル政策の展開」三浦功・木綿良行・懸田豊・三村優美子『変貌する流通とマーケティング・チャネル』税務経理協会，1984 年，p.33。

(25) PB 製品 (private brand product) とは，製品の価格を抑える手段として，流通業者が独自の製品ブランドを企画，開発した製品である。生産は提携したメーカーによって行われる。

(26) 青木均・石川和男・尾碕眞・斎藤忠志，前掲書，2007 年，p.134 参照。

(27) 青木均・石川和男・尾碕眞・斎藤忠志，同上書，2007 年，pp.134-135 参照。
　　加藤勇夫は，市場細分化を消費者のニーズ，欲求，購買動機などの基準によって，全体市場をいくつかの小部分に区分し，その区分した市場（標的市場，下位市場）における消費者需要に製品を適合させる垂直的市場創造政策としている。加藤勇夫「マーケット・セグメンテーション（市場細分化）」出牛正芳編『基本マーケティング用語辞典［新版］』白桃書房，2004 年，p.203。
　　詳細は Smith R. Wendell, "Product Differentiation And Market Segmentation As Alternative Marketing Strategies", *Journal of Marketing*, Vol.21 July, 1956, Issue 1, pp.3-8 を参照されたい。

(28) 日本自動車販売協会連合会「平成 18 年版　国内自動車販売の現状と課題〈自動車ディーラーの実態調査より〉」2007 年 1 月，pp.6-8 参照。

(29) 09 年度の通信販売の部門別売上高において，インターネット通販は 08 年度比 10.0% 増である。日経 MJ，第 1 面，2010 年 10 月 20 日。

(30) 田口冬樹，前掲書，p.301 参照。

(31) 流通経済研究所編『流通ハンドブック』日本経済新聞社，1972 年，p.325。

(32) 田口冬樹，前掲書，pp.303-304 参照。

(33) 田口冬樹，同上書，p.303 参照。

(34) 出牛正芳『マーケティング管理論』白桃書房，1979 年，p.225 参照。

(35) 田口冬樹，前掲書，pp.303 参照。

(36) 青木　均・石川和男・尾碕　眞・斎藤忠志，前掲書，2007 年，p.139 参照。

(37) 斎藤忠志「家電業界におけるメーカーの流通・価格管理政策」『商学研究』第 45 巻第 1・2 号，2004 年，pp.48-50 参照。

(38) Charles F. Phillips, and Delbert.J. Duncan, *Marketing Principles and Methods*, 6th ed, Richard D. Irwin, Inc., 1968, pp.632-637., D.J. Duncan, *op.cit.*, pp.181-188.

久保村は，開放的販売制，集約的販売制，選択的販売制に分類している。

久保村隆祐「販売経路および物的流通管理」久保村隆祐・阿部周造『新版　マーケティング管理』千倉書房，1987 年，pp.226-228 参照。

Edwin H. Lewis, *op. cit.*, 1968, pp.66-68, pp.75-81., 参照。

(39) 加藤勇夫，前掲論文，p.170 参照。

(40) Melvin T. Copeland, "Relation of Consumers' Buying Habits to Marketing Methods", *Harvard Business Review*, Vol.1 (Apr 1923), pp.282-286.

(41) 出牛正芳，前掲書，1979 年，p.231 参照。

(42) 青木均・石川和男・尾碕眞・斎藤忠志，前掲書，2007 年，p.137 参照。

加藤勇夫は，市場細分化を消費者のニーズ，欲求，購買動機などの基準によって，全体市場をいくつかの小部分に区分し，その区分した市場（標的市場，下位市場）における消費者需要に製品を適合させる垂直的市場創造政策としている。加藤勇夫「マーケット・セグメンテーション（市場細分化）」出牛正芳編『基本マーケティング用語辞典［新版］』白桃書房，2004 年，p.203。

詳細は Smith R. Wendell, "Product Differentiation And Market Segmentation As Alternative Marketing Strategies", *Journal of Marketing*, Vol.21 July, 1956, Issue 1, pp.3-8 を参照されたい。

(43) メーカーとディーラー間で自動車フランチャイズ契約を結び，当該メーカー製品のみを取り扱う。米国のフォード・モーターが 1900 年代初頭にフランチャイズ契約によって特約店を募ったことが始まりとされている。その後 1930 年代に我が国に導入され，現在に至っている。アメリカにおける自動車フランチャイズ契約の成立の詳細は，Hewitt, Charles Mason Jr, *Automobile Franchise Agreements*, Richard D. Irwin, Inc., 1956. を参照されたい。

(44) 加藤勇夫，前掲論文，pp.171-172 参照。

(45) 斎藤忠志，前掲論文，pp.13-19 参照。

(46) 現在，トヨタ自動車は全国で 4 か所のオートモールを展開している。カラフルタウン岐阜，トレッサ横浜，大阪オートモール（アリオ八尾），埼玉オートモール（イ

オンレイクタウン)。詳細については株式会社トヨタオートモールクリエイトのホームページを参照されたい。http://www.toyota-automall.co.jp/ 2010 年 10 月 25 日閲覧。

(47) 日経 MJ 新聞，2015 年 9 月 18 日付，第 3 面参照。

(48) 石井淳蔵『流通におけるパワーと対立』千倉書房，1983 年，pp.116-121 参照。

(49) Frederick J. Beier, Louis W. Stern "Power in the Channel of Distribution", Louis W. Stern, *Distribution Channels: behavioral Dimensions*, Houghton Mifflin Company, 1969, pp.94-104, および石井淳蔵，前掲書，pp.38-41 参照。

(50) 斎藤忠志，前掲書，p.141 参照。

(51) 斎藤忠志，同上書，pp.142-143 参照。

(52) 駒井進『流通革命とディーラーヘルプ』文化社，1962 年，pp.102-142 参照。

(53) 斎藤忠志，前掲書，p.144 参照。

(松本義宏)

第7章　プロモーション政策

第1節　コミュニケーションとプロモーション

1. マーケティングにおけるコミュニケーション

　企業がどんなにすばらしい製品・サービスを開発しても，そのよさを消費者に伝え理解してもらわなければ，購入・利用に結びつかない。たとえ理解されたとしてもその購入・利用に至るまでにはさらに多くのコミュニケーションを必要とする。

　マーケティングにおいてコミュニケーションをどう展開するかは，重要な課題である。

　マーケティングにおけるコミュニケーションのあり方を考察するにあたって，まず，その意義を確認してみたい。

　一般にコミュニケーションは，送り手が，伝えたい情報を，メディア（媒体）を通じて，その受け手に伝え，その受け手からの反応が送り手にフィードバックされるというプロセスとして表すことができる。コミュニケーションは，双方向（インタラクティブ）の情報伝達プロセスとなる。マーケティングにおいては，顧客とのコミュニケーションが必須である。

　コトラー（P. Kotler）とケラー（K.Keller）は，図7-1のように，そのコミュニケーション・プロセスを示している。そのプロセスは，一方の送り手が伝えたい情報を記号化してメッセージに変え，もう一方の受け手が，そのメッセージを受け取り，解読し，反応し，送り手に何らかの形でフィードバックされるという形で捉えられている[1]。

　例えば，企業から消費者へ製品・サービスに関する情報を伝達するケースを

想定してみると，情報の送り手である企業は，伝えたい製品に関する情報を広告という形にし，記号化する。その伝えたい情報は，メッセージという形で広告として媒体（メディア）を通じて受け手に伝えられる。メッセージとは送りたい情報であり，そのメッセージを伝達するための手段がメディア（媒体）である。メッセージを受け取った消費者は，その内容を自らなりに解読する。受け手の反応としては，例えば，その製品に好意をもったり，その製品を購入したいと思ったりすることなどがあげられる。受け手の反応を経て，いくつかは製品についての肯定的な評判あるいは批判として発信者にフィードバックされる。送り手からのメッセージは，図に示されているように家族や友人の意見，インターネット上での評判，競合する製品の情報等様々なノイズが入ってくる。したがって，送り手からの情報が，その意図通りストレートに，そのまま受け手に伝わるわけではない。

　送り手，メッセージ，受け手はコミュニケーションにおける重要な要素である。

図7-1　コミュニケーション・プロセスの各要素

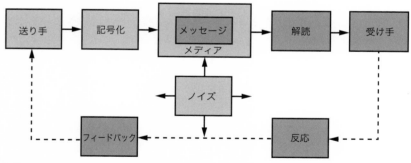

出所：P. Kotler, K. L. Keller, *Marketing Management*, Pearson Education, 2015, p.585.

2.　プロモーション

　プロモーションは，企業や組織と顧客やユーザーとのマーケティング・コミュニケーションに包含される。企業や組織が，自らの製品やサービス，企業や組織に関する情報を受け手である消費者に伝え，その需要を喚起することを目

的とする一連の活動，プロセスといえる。

　プロモーションとは，こうした製品やサービスの購入を促す活動すなわち販売促進活動のことをいい，その活動は，広告（advertising），人的販売（personal selling: 販売員活動），パブリシティ（publicity），セールス・プロモーション（sales promotion）などから構成されている。

　これらプロモーションを構成する各要素について，次節で個々にみていくことにする。

第 2 節　プロモーションの構成要素

1.　広　告

　広告とは，有料のメディア（媒体）を通して，広告する側のメッセージを非人的な手法で伝えることをいう。広告の影響力は大きくプロモーション活動において重要な役割を果たす。

　多くの広告の定義に共通する要素として，次の 5 つを基本要素としてあげることができる[2]。

　（1）　広告主（広告の送り手）が明示されていること

　（2）　伝えるべきメッセージが明確であること

　（3）　伝えるべき対象（広告の受け手）が明確であること

　（4）　伝えるべき広告の目的が明確であること

　（5）　有料のメディア（人間以外のメディア）を使った活動であること

　まず，「広告主（広告の送り手）が明示されていること」とは，広告のメッセージを発信する広告主が誰であるか明確であることを示している。広告は企業だけのものではなく，非営利組織（NPO）や非政府組織（NGO）などからも展開される。その送り手が不明確では，広告の役割を果たさないことは周知のとおりである。

　2 つ目の「伝えるべきメッセージが明確であること」とは，広告には常に伝えるべき明確なメッセージが必要であることを意味している。人々の感性に訴

え，そのメッセージを読み解くことが難解な芸術性の高い広告も存在するが，広告は，明確なメッセージを有することが基本である。

次の「伝えるべき対象（広告の受け手）が明確であること」とは，誰にその広告メッセージを伝えたいのかがはっきりしていることを意味する。メッセージを伝えたいターゲットが明確であるかどうかは，その広告効果に大きく影響する。

4つ目の「伝えるべき広告の目的が明確であること」は，広告には明確な目的が必要であることを示している。その広告が，製品やブランドの認知度（認知率）を上げたいのか，または，その製品やブランドに関する正確な知識であるところの理解度（理解率）を向上させたいのか，あるいは，製品やブランドに好意をもってもらう度合いである好意度（確信率）を高めたいのか，その目的によって広告の姿は変わる。

最後の「有料のメディア（人間以外のメディア）を使った活動であること」とは，広告は，マスメディアやパーソナルメディア，インターネットなど人間以外の有料の非人的なメディアを活用して，その広告メッセージを伝達しようとするものである。広告は，セールス・パーソンを活用したプロモーション活動である人的販売とは異なる。また，当該企業の製品やその活動をマスメディア等で記事やニュースとして取り上げてもらう形で，いわば無料でメディアを利用する活動である（基本的に企業側からメディア側に費用を支払うものではない）パブリシティともこの点で明確に異なる。

また，パブリック・リレーションズ（public relations：以下 PR と省略）もわが国では広告と混同されることもあるが違うものなので留意する必要がある。PR とは企業や組織がそれを取り巻くステークホルダー，公共，社会との良好な関係を構築する活動のことをいい，日本では広報などと表されることも多い。PR には，情報公開（ディスクロージャー），リスク・マネジメント（危機管理），インタラクティブ（対話型）・コミュニケーションの重視など，広告以上に企業経営全体からみた視点が入っている[3]。

広告は，その目的や表現方法，訴求内容などによって分類することができる。

広告の分類について目的別にみると，商品そのものを広告する商品広告や企

業イメージの向上をねらいとしてその活動内容などを伝える企業広告，公共広告，特定の問題について企業や団体などの組織が自己の意見を示し，訴求する意見広告などがあげられる。その数としては商品広告が多くを占めている。

　表現方法による分類では，製品の情報を訴求するものは情報提供型広告，告知型広告と呼ばれる。また，自社の製品やブランドがいかに品質や性能面などにおいて優れているか訴求する広告に代表されるものを説得型広告という。競争の激しい市場において用いられることも多い。この説得型広告の一例として比較広告がある。比較広告は，自社製品や自社ブランドが競合他社の製品やブランドと比較し，いかに優れているか明示的あるいは暗示的に示す広告である。スマートフォンや家電などで自社と他社の製品やサービスの性能や料金プランを比べ，自社の有意性を示すCMなどを目にしたことがあるかもしれない。その他には，自社のブランドや製品，サービスをいつまでも心の中にとどめてもらい忘れさせないようにすることを狙いとするリマインダー型広告がある。コーラなどの清涼飲料水のテレビCMなどに見受けられることがある。新しい情報を伝達しようとしているわけでもなく，説得しようとするものでもない。これまで培ってきた自社のブランドイメージやロイヤルティを維持し，消費者の心の中にとどめてもらおうとするものである。

　次に，どのメディアを使って広告を伝えるのか，その利用するメディアによって分けられるメディア（媒体）別分類についてふれてみたい。

　広告メッセージを伝達する手段である広告媒体としては，テレビ，新聞，ラジオ，雑誌といったマス媒体をはじめダイレクトメール，屋外看板，電車の中刷り，新聞などの折込，インターネット等様々なものがある。

　代表的な媒体別広告には以下のような特徴がある。

新聞広告

　新聞をメディアとし視覚に訴求するもので広い到達範囲を有する。活字を用い詳細な情報を伝えることが可能である。全国紙は，その発行部数も多く，広範な地域に一斉に広告を展開することができる。また，掲載エリアを設定したり，地方紙，業界紙，専門紙などを活用することによって特定の地域や購読層

などに対象を絞った広告を展開したりすることが可能である。

雑誌広告

主に視覚に訴えかける媒体である。新聞と比べその発行部数は少ないが，雑誌の多くはその読者層が絞り込まれ，セグメント化されているので，その層に沿う形でターゲットを絞り込んだ広告を発信することを可能にする。同じ活字メディアの新聞と比較し，読者の手元に置かれる時間が長く，繰り返し広告を目にする時間も長い。反面，発行が，週刊，月刊，季刊であったりするので新聞と比べその発行回数が相対的に少なく，スピーディさが求められる広告を実施したい場合は，不向きな面がある。

テレビ広告 (4)

映像の動きや音により視覚や聴覚に訴求する媒体である。広範な到達範囲をもち一斉に迅速に訴求することが可能である。反復して繰り返し訴求することによって，商品やサービスの認知，理解を高めることに向いている。

費用面では，他のメディアと比べ多額の広告費が必要となる。

ラジオ広告

音を活用した聴覚に訴えかける媒体で，広い到達範囲を有する。訴求する広告メッセージは一過性となりやすく，反復訴求することによってその効果につなげる手法も多く見受けられる。テレビに比べ低コストで実施が可能である。自動車の運転，仕事や作業をしながらの「ながら聴取」をされることも多い。

インターネット広告

インターネット広告とは，インターネットのウェブサイトやメールを活用した広告のことで，「ネット広告」などとも呼ばれることがある。

その広告は，マスコミ広告と比べ相対的に低コストで実施することが可能であり，広告効果の測定も比較的容易にできる。

マスコミ広告によって広範な対象に告知，訴求し，その後，詳細な情報提供については，インターネット広告に誘導し個別に対応するクロスメディアとよばれるマスコミ広告と連動した手法も散見される。

普及当初のインターネット広告は，ウェブ広告，メール広告，リスティング

広告の大きく３つに分類できる[5]。

　ウェブ広告は，バナー広告に代表されるようにインターネットのウェブページ上に掲載される広告のことをいう。動画や音声等を活用するものもある。インターネット広告において，動画広告市場は急拡大している。テレビに比べ視聴時間，場所などの制約が少なく，新規の技術やそれと連動した表現方法を試しやすい状況もこれを後押ししている[6]。

　メール広告は，電子メールを活用した広告で，メールマガジンなどはその代表的な例である。

　リスティング広告は，検索したキーワードに連動して広告が表示される検索連動型広告である。

　このようなインターネット広告の特徴としては，双方向性や追跡可能性をあげることができる[7]。双方向性とは，広告主である企業や組織から一方的に広告を配信するだけではなく，その広告の受け手である消費者がその内容に対し，能動的に情報を発信することができることを意味している。

　追跡可能性とは，消費者が，バナー広告をクリックしたかどうか，該当するウェブページをどれだけみたかなどの消費者行動を追跡したり，当該サイトから閲覧時に顧客のパソコンに送られるデータの１種である Cookie を活用して利用者のページ閲覧履歴，検索履歴，広告のクリック履歴などからその興味や関心を追ったりすることを表している。

　屋外広告

　屋外の特定の場所，地点にポスター，看板，ネオンサイン，映像ディスプレイ等を設置し媒体とするものや，宣伝カーなどを利用して移動しながら広告を訴求するものもある。主に屋外を移動する対象者に訴えかけるものである。反復してその広告メッセージに接触することが多いが，そのメッセージの到達範囲は限定的なものとなる。

　直接広告（DM 広告）

　顧客名簿などの顧客データベースをもとにハガキや手紙，電子メールなどのダイレクトメール（以下 DM と略す）を使って特定の個人や企業をはじめとす

る組織に直接訴求する DM 広告が代表的である。インターネットを利用した電子商取引が盛んになり電子メールによる DM 広告が多用されるようになってきている。

　内容をみられずに捨てられたり，削除されたりするものも多く，いかにその広告内容をみてもらうようにするかが重要となる。

　折込広告

　チラシなどの印刷物を新聞やフリーペーパーなどに折り込む形で訴求される広告である。新聞の場合，配達先である地域の家庭や事業所を訴求先として配布される。スーパーなどの小売店が近隣の地域住民にセールなどの情報をチラシに印刷して広告することなどは身近な一例である。特定の新聞を選定することによってその購読者層に絞って訴求することも可能である。

　交通広告

　バス，電車，タクシー，飛行機などの交通機関の車内や車体などにその利用者に対して，あるいはその乗り物を目にするものに対して訴求する広告である。駅の構内や，バスの停留所などに設置されている立て看板やサインなどもこれに含むことができよう。電車やバス等の車内にみられる広告は，中吊り広告と呼ばれる。通勤,通学で利用する会社員や学生を主なターゲットとする広告や，バスや電車などの車体にあらかじめ広告を印刷したフィルムを貼り付けたラッピング広告などを目にする機会も多い。

　POP 広告

　POP（point of purchase）広告は，主に小売店の店内，店頭における顧客の購買時点をとらえて訴求するものである。陳列ケースやその近くに掲げられているメッセージが書かれた POP カードや，のぼり旗，ポスター，ぬいぐるみなどの立体的な広告物などが含まれる。

2. 人的販売

　次に，人的販売（販売員活動）とは，「セールスマンや販売員などによる販売促進活動のことで，受注・販売業務，代金回収，苦情処理，顧客管理，市

場や顧客などに関する情報収集，販売記録・報告書の作成などの多様な業務がある」[8]。

　人的販売の主な役割・種類としては，次の 3 つをあげることができる。

販売創造業務

　主に新たな顧客開拓を行うことを目的とする業務で，これらの業務を担う販売員は，オーダー・ゲッターと称される。

販売維持業務

　現在の取引関係の維持，強化を主に行うもので，これまでの継続的な取引をもとに顧客を訪問し販売活動を行う。これらの業務を担うものをオーダー・テイカーという。

販売支援業務

　顧客サポートや販売サポートを主に行うもので，これらを担当するものはミッショナリー・セールスマンと呼ばれる。顧客に対し，より高度な技術的・専門的な知識をベースに支援を行い，その問題の解決を図るものは，セールス・エンジニアなどと呼ばれる。

　販売員には，より高度化・複雑化する製品やサービスに関する知識，取引先の顧客に関する知識，販売方法に関する知識など様々な知識が求められる。

　他のプロモーション活動と比較して，人的販売の特徴，強みは販売員による双方向のコミュニケーションにあると考えられる。

　人的販売のプロセスは，「見込み客の発見と評価」，「事前アプローチ」，「プレゼンテーションとデモンストレーション」，「反対意見への対処」，「成約」，「フォローアップとメンテナンス」の主要な 6 つのステップを経ることが多い[9]。

　最初の段階である「見込み客の発見と評価」は，潜在的顧客である見込み客を見つけ，製品やサービスへの興味や購入意欲や支払い能力などについて適切な見極めを行う段階である。次に，「事前アプローチ」の段階では，見込み客に接触する前に，その顧客情報を収集，分析し，できる限り対象について知っ

ておくことが求められる。第3の「プレゼンテーションとデモンストレーション」の段階では，製品やサービスの特徴，利点，ベネフィット，価値などについて顧客にプレゼンテーションならびにデモンストレーションが行われる。さらに，「反対意見への対処」の段階においては，顧客にプレゼンテーションならびにデモンストレーションを行った後には，それについて当然，疑問や反対意見を抱いたり主張されたりすることも多いので顧客の疑念や反対意見に丁寧に対応することで購買にあたっての不安を取り除くことが求められる。「成約」は，すなわち契約の成立につなげる段階である。顧客との信頼関係を築き，それを基に納得して購入へと結びつけることが必要である。その成約にあたっては値引きや特典を買い手に示すこともある。最後の「フォローアップとメンテナンス」では，成約後，その納期や購入条件などを確認し電話や訪問をしたり，必要な場合は，定期的にメンテナンスを行うことが肝要である。それが，後の継続購入への礎となる。適切なフォローアップとメンテナンスを実施することによってリピート購入へと結びつくことが期待できる。

3. パブリシティ

　パブリシティは，報道機関に対し自社の企業や商品に関する情報を提供し，記事，ニュース，番組として取り上げ，報道してもらうための働きかけ，活動をいう。そうした情報をニュースや記事として取り上げるかどうかの意思決定は報道機関側にあり，パブリシティに関わる費用は，原則，無料である。記事やニュースとして製品などの良さを情報として取り上げてもらえれば，報道機関という信頼できる第三者の判断に基づく情報ということで客観性が高まり，消費者がその内容を信頼して受け入れやすくなる。ここに示したようにパブリシティは，無償のものであるので有料の広告とは明確に区分される。広告は，広告主がその内容をコントロールすることができるが，パブリシティは，企業などの情報提供者側がその内容をコントロールすることはできない。あくまでニュースや記事などとして製品やサービスに関する情報が取り上げられるだけであり，先にも示したように番組や記事で商品情報などをどう扱うかは報道機関側の判断である。場合に

よっては情報提供者側の意図とは違う形で取り上げられることもある。

　パブリシティに関しては，報道機関からの取材に受動的に対応するもの，あるいは，企業，組織が報道機関に対して能動的に報道で取り上げてもらえるよう自ら情報を発信し働きかける戦略的なパブリシティの形態がある。

4.　セールス・プロモーション

　セールス・プロモーション（以下 SP と省略）とは上記の広告，人的販売，パブリシティなどの活動をサポートし展開される販売促進活動をいい，広告，人的販売，パブリシティに含まれないプロモーション手段をまとめて SP と捉えることができよう。

　具体的には，「サンプリング」（試供品の配布），「プレミアム」（製品やサービスに付けるおまけ，景品），「クーポン」（特定商品について一定額の値引きを付けた証書），「コンテスト」（クイズやコンクールなどで参加者を募るもの），「ノベルティ」（記念品），「セールスショー」（展示会，見本市），「増量パック」（通常よりも内容量を増やしたもの）などがあげられる。

　SP の種類は実に多様であり，そのすべてを取り上げ説明することは紙面の関係からも困難である。ここでは，企業において，比較的頻繁に用いられる「サンプリング」，「プレミアム」，「クーポン」を取り上げその内容にふれてみたい。

　「サンプリング」とは見本，試供品の配布，提供のことである。実際に利用することでその製品やサービスの内容や質の良さ，利便性などを理解し知ってもらい購買に結びつけることを目的とする。街頭などで化粧品やシャンプーなどの新製品の試供品を配布している様子を目にしたり，それらを実際に手にした経験をもつ人も少なくないであろう。サービス財における無料体験などもその一例として捉えることができよう。

　「プレミアム」は，商品を購入する際に付くおまけ，景品のことである。メーカーなどのプレミアムを提供する側は，これを付けることによって対象商品の購入を促進しようとする。プレミアムの付け方には，インパック，オンパック，オフパックの形がある。インパックは，製品パッケージの中に入れるもの

で，オンパックは，パッケージの外側に付けるものである。また，オフパックは，製品とは切り離した形で提供されるものをいう。

「クーポン」は，特定の製品やサービスに関して一定の値引きを示した証書である。これをスーパーなどの販売店に持参し，対象商品を購入することによってそこに示されている一定額の値引きを受けることが可能となる。

メーカー，小売業，サービス業の販売促進目的で配布・提供される。

こうしたクーポンは，雑誌や折り込みチラシ，フリーペーパーなどに印刷される形で，あるいはインターネット上で電子クーポン（モバイル・クーポン）として提供されることが多い。

SP には，メーカーによる「消費者向けのもの」と卸売業者，小売業者といった「流通業者向けのもの」さらには「小売業者によるもの」の 3 つに分けることができる。前者の消費者向け SP と流通業者向け SP は，メーカーが実施するものである。消費者向け SP としては，「サンプリング」「プレミアム」「増量パック」などがあげられる。流通業者向けの SP は，特別出荷（例えば，注文のあった 10 ケースの出荷数に 1 ケース無償で増量して出荷する）などがある。小売業者が消費者に対して行う小売業者による SP には，販売価格の引き下げ，特定の製品を大量に陳列したりする特別陳列などがある[10]。

第 3 節　プロモーション・ミックスの展開

1.　プロモーション・ミックス

先述の広告，人的販売（販売員活動），パブリシティ，セールス・プロモーションなどのプロモーション手段を，その目的を達成するために最適に組み合わせることをプロモーション・ミックスという。

プロモーションの目的はさまざまであり，その目的に応じてプロモーション・ミックスが決定される。すなわち，新製品やサービスに関する認知度を高めるためか，既存製品の売上高を向上させるためなのか，または，企業イメージを高めるためか，その目的ごとに最適なプロモーションの組み合わせは異なり，

その内容が検討され実施される。

　広告，パブリシティといったものは訴求時に人が介在することが相対的に少ない非人的コミュニケーション（ノンパーソナル・コミュニケーション）の色合いが強く，人的販売，コンテスト等は人的コミュニケーション（パーソナル・コミュニケーション）の色合いが強いといえよう。

　広告は，広範にそのメッセージを訴求することができ，消費者に製品情報等を認知してもらう手段として優れているが，ワンウェイコミュニケーションで，比較的費用のかかるものも多い。人的販売は，その到達範囲は広告に比べ限定されるが顧客との双方向型コミュニケーションが可能で，その説明，説得によって商品の購入まで結びつけることも可能である。

　このように各々のプロモーション活動は，それぞれ違った特徴をもつので製品やサービスの特性，対象とする市場の特性，当該製品・サービスのライフサイクル等を踏まえプロモーション・ミックスを決定することが肝要となる。

2.　製品ライフサイクルの各期におけるプロモーション・ミックス

　製品ライフサイクルとの関連では次のようなことが考慮される。製品ライフサイクルの各期（各段階）において展開されるプロモーション・ミックスの手段は変化する。

　導入期は，通常，新製品，新サービスに関する顧客や流通業者の認知度が低いため，それらの認知度をあげること，利用してもらうこと，取引してもらうことを重視したプロモーションが展開される。マス広告等によって製品やサービスの認知度を高めたり，流通業者向けのプロモーションによって自社ブランドを取り扱わせたりすることが重要となる。具体的には，消費者向けには広告やパブリシティ等を活用し市場全体に広く認知度を高めることや詳細な製品やサービスの説明を行う人的販売が重用されるとともに，サンプリング等のセールス・プロモーションが展開される。流通業者向けにはリベートや各種ディスカウントなどの販売促進策が講じられるであろう。

　成長期には，自社の製品やサービスのブランドの指名買いを促進するために，

より説得的なプロモーション活動が展開される。また，クチコミを活用してその製品・サービスを利用する顧客を広げていくことも重要となる。

　成熟期には，競合する製品やサービス間の競合がより激しくなる。類似製品・サービスとの差別化を強調する広告や，類似の製品やサービスとの間でコモディティ化が進行している場合には，デザインなどの副次的な機能を強調する広告が展開されることも多い。また，製品やサービスを忘れさせないようにするためのリマインダー広告も重用されることがある。一時的なカンフル剤的な役割を果たすセールス・プロモーションを展開することも検討される。

　衰退期では，製品のニーズがなくなり，売上高，利益も下降線をたどる。広告などのコストがかかることは行われないことも多い。製品・サービスの全面的なモデルチェンジを行うのか，あるいは市場から撤退するのか検討される。場合によっては，その検討を受けそれらのリポジショニング戦略がとられることがある。その場合のプロモーションは，導入期と同様なものとなる[11]。

3.　プッシュ戦略とプル戦略

　プロモーション・ミックスの進め方としては，プッシュ戦略とプル戦略の2つに大別できる（図7-3）。

　プッシュ戦略とは，生産者から卸売業者，小売業者などの流通業者に対して人的販売やセールス・プロモーションなどの手段を通じてその製品やサービスの購入を直接働きかけ，製品を押し込んでいくものであり，プル戦略は，広告やパブリシティなどのマスメディアを介したコミュニケーションによってブランドを認知させ，それによって消費者からの指名買いを促す方法をいう[12]。

　プッシュ戦略は「メーカー→卸売業者→小売業者→消費者」の流れ，プル戦略は「消費者→小売業者→卸売業者→メーカー」の流れを作り出すものである。

　プッシュ戦略においては，いかに取引先を説得し需要を引き出し購買へとつなげるかが重要なポイントとなる。相対的に人的販売の重要性が大きなものとなる。プル戦略においては，消費者の需要を刺激し購買へと結びつけるかがポイントとなるので相対的に広告の重要性が高くなる。

図 7-3　プッシュ戦略とプル戦略

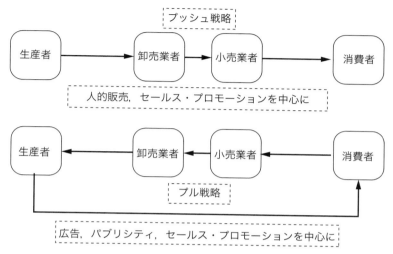

出所：二瓶喜博「コミュニケーションの戦略」亜細亜大学経営学部マーケティング研
　　　究会編『マーケティング入門（第 4 版）』五絃舎，2010 年，p.147。

4.　IMC

　近年，プロモーション活動や他の企業コミュニケーション手段をまとめてマ
ーケティング・コミュニケーションとして捉え，それらをいかに統合，融合化
していくかといったインテグレーテッド・マーケティング・コミュニケーショ
ン（integrated marketing communication：IMC）と呼ばれる考えが重要視され
ている。企業が行うマーケティング・コミュニケーションの様々な活動が一貫
したものでなければ，意図するイメージを形成することは困難である。それ故，
この考え方が重要視されてきている。

注

(1) P. Kotler, K. L. Keller, *Marketing Management*, Pearson Education, 2015, p.585.

(2) 小泉眞人「広告の定義・分類・機能」石崎徹編『わかりやすい広告論（第2版）』八千代出版，2012年，pp.15-16。

(3) 同上書，p.17。

(4) テレビ広告にはスポット CM とタイム CM の2つがある。スポット CM は，番組とは関係なく番組と番組間の時間帯など指定された時間帯枠の中で広告が流されるものである。タイム CM は，特定の番組の提供スポンサーになるもので，番組内で通常1回あたり30秒の CM を流すことが多い。ターゲットとする顧客が視聴する番組を選択してスポンサーとなる。

(5) 黒岩健一郎「プロモーション政策」黒岩健一郎・水越康介『マーケティングをつかむ』有斐閣，2012年，p.143。

(6) 日本経済新聞，2015年8月25日朝刊を参照。

(7) 黒岩健一郎，前掲書，p.143。

(8) 相原修『ベーシック　マーケティング入門（4版）』日本経済新聞社，2007年，p.183。

(9) P. Kotler, K. L. Keller, *op,cit.*, pp.673-674.

(10) 恩蔵直人「コミュニケーション対応」和田充夫，恩蔵直人，三浦俊彦『マーケティング戦略（第4版）』有斐閣，2012年，pp.240-241。

(11) 二瓶喜博「コミュニケーションの戦略」亜細亜大学経営学部マーケティング研究会編『マーケティング入門（第4版）』五絃舎，2010年，p.146。

(12) 二瓶喜博，同上書，p.146。

参考文献

相川修『ベーシック マーケティング入門（第4版）』日本経済新聞社，2007年。

亜細亜大学経営学部マーケティング研究会編『マーケティング入門（第4版）』五絃舎，2010年。

恩蔵直人『マーケティング』日本経済新聞社，2004年。

草野素雄『入門 | マーケティング論（第4版）』八千代出版，2014年。

和田充夫，恩蔵直人，三浦俊彦『マーケティング戦略（第4版）』有斐閣，2012年。

（脇田弘久）

第8章　国際マーケティング

第1節　企業活動のグローバル化

1. 企業におけるグローバル化の背景

　2000 年以降，企業を取巻く環境は劇的に変化しており，特に企業活動におけるグローバル化の波は顕著であり国境を意識することなく展開されている。1980 年代から始まったアジア NIES（韓国, 台湾, 香港, シンガポール）や ASEAN（マレーシア，インドネシア，タイ，フィリピン）の経済発展，さらに 2000 年代からの BRICs（ブラジル，ロシア，インド，中国）をはじめとしたアジア，中南米，アフリカの一部の発展途上国が急速に経済成長を遂げ，生産拠点や市場となり始めたことにより企業間取引が世界的に広がっている。いっぽう，1990 年代からソビエト連邦や東ヨーロッパ諸国の社会主義体制が崩壊し，中国が改革開放路線に基づいた社会主義市場経済を掲げるなど世界が自由競争を中心とした市場経済へ移行している。

　企業を取巻くマクロ環境要因の変化とともに，直接企業活動のグローバル化をもたらしたと考えられるミクロ環境要因も大きく変化している。

　それらのひとつは，交通・通信・情報インフラの整備や発展によりヒト・モノ・カネの動きが拡大し，文化・社会・政治・経済面における制約や障壁の減少や変化をもたらした点を挙げることができる。その中でも，企業の国際化への最大のインパクトはインターネットの普及と考えられる。インターネットの進展により，誰もが世界中の情報を瞬時にしかも容易に手に入れることができるようになり，通信システムや電子ビジネス面においても迅速性や正確性が要求される代金決済，資金・資本調達などの金融の国際化，あるいは資源調達，在庫

管理，物流面でネットワークの構築が可能となり，個人や企業ベースでグローバル間の取引をもたらした。

いっぽう，海外旅行者の増加や労働力確保のための海外労働者の受け入れ，新興国の経済発展によってヒトのグローバル化を加速させるとともに，政治的な局面はさることながら文化・社会・生活面においても交流が活発化するようになってきたことも一つの要因として考えられるだろう[1]。

かつては国際的な事業規模で企業活動を展開する企業は，先進国に本社を置く巨大資本を有する多国籍企業（MNC）が中心であり，そして企業活動の広がりは，国内生産から始まり，輸出，その後海外生産へとステップを経て国際化を果たすというのが一般的であった。

しかし，現代社会では先進国を中心とした多国籍企業ばかりでなく，新興国を本国とする企業も国際化を進展させている。そして，国際市場への参入方法や国際化段階へのステップも多様化しており，国際市場における企業間競争はますます激しさを増している。

2. 国際プロダクト・ライフサイクル「IPLC (International Product Life Cycle)」

今日の多国籍企業による国際化の進化過程を説明したものに R. バーノン（Raymond Vernon）による IPLC（International Product Life Cycle）（以下では IPLC と略す）や[2]，彼のモデルを利用して多国籍企業の国際化やグローバル化の展開を明確にしたウェルズ（L.T.Wells, Jr.）[3] の見解などがある。

これらは，企業が生産する製品の寿命を表現し，製品戦略がどのような段階を経て進展していくかを明らかにした代表的なモデルである。人間と同様に製品にも寿命があり，新製品が導入されてから成長，成熟といった安定的な売上の状態を経て，やがて衰退し市場から消えていく様を表現したものである。縦軸に生産高，そして横軸に製品ライフサイクルの各段階として導入期，成熟期，標準化期をとり，それぞれの段階を説明している。

導入期：まず，アメリカを基準とする先進国の技術集約型産業が新製品を開発したと想定し，国内市場にその製品を導入することにより独占的な利益を享受することから始まる。この段階では，先進国内において類似品や競合品は存在しておらず，製品は差別化された状態にあり，高利潤と市場拡大が可能となる。やがて，競合企業が類似製品を市場に導入することにより先進国の国内の競争が激しくなる。そして，先進国の国内市場では製品差別化による市場の優位性を失い，ブランドや広告，販売促進などにより，さらなる顧客の獲得を目指すこととなる。先進国の国内市場では，単一製品の生産・販売から複数

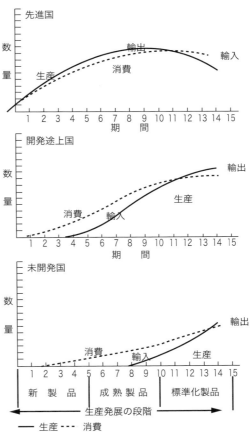

図8-1　国際プロダクト・ライフサイクル
IPLC（International　Product Life Cycle）

出所：Warren J.Keegan, *Global Management*,
　　　4th ed., Prentice-Hall, p.29.

製品の製造・販売が始まり，ますます顧客獲得競争が激しくなってくる。その結果，供給能力が需要を上回るようになると，余剰分を海外輸出に回すことにより，海外市場で販売利潤を求めるようになる。

成熟期：この段階になると，進出国の政府が国内産業保護の立場から輸入障壁

を設けたり，進出国の企業によって自社商品に類似した模倣製品の生産，販売が始められるようになる。その結果，先進国の企業は，輸出から現地生産へと移行する。製品は，国際的に標準化され，競争に勝つように様々な努力がなされることになる。

標準化期：この段階は，IPLC の成熟期に相当する。進出先の国々において，進出国の国内企業との競争が激化する。このタイプの製品は，すでに先進国市場内において消費が生産を下回り，生産コストが高騰するため直接投資を行っている国から製品の逆輸入を行う。そして，先進国市場内では，このタイプの製品は成熟期を過ぎ，すでに衰退期に入った製品のため需要を極めて少なくなるためそのほとんどが輸入でまかなうようになる。

　つまり IPLC とは，先進国市場（バーノンが説明する場合は米国）で新製品を開発した場合，どのような過程を経て国際製品へと移行していくかというマーケティングの進化の過程を表しており，企業の発展にともない国内段階，輸出段階，国際段階を経て，最終的にグローバル段階へと移行することを示している。
　しかし，この IPLC モデルはパックス・アメリカーナを背景とした 1950 年代から 60 年代にかけてのアメリカ企業における国際化の発展過程を表す場合には有効であるが，それ以降の欧州・日本企業の国際化の進化を説明するのには有効ではないとして批判される場合もある。もっとも彼自身も近年ではIPLC モデルの有用性について限定的，選別的有効性を説くに至っている。

第 2 節　環境要因の理解

1.　国際マーケティングにおける環境要因
　企業が国際市場へマーケティングを展開する際には，国内市場とは異なる企業を取巻く環境要因を留意する必要がある。国際市場における環境要因は，企業にとって統制不可能な経済，政治，法律，文化的要因からなるマクロ環境と

統制可能な企業内環境とその中間とされるタスク環境を合わせたミクロ環境に大別することができる。さらに，ミクロ環境はマクロ環境と対比して使用され，個々の企業の経営行動に則した社会環境や経済環境を分析することであり，それは統制可能な企業内環境とその中間とされるタスク環境を合わせたものとされている。具体的な分析としては，企業に直接影響を与える供給業者，競争業者，流通チャネル，金融業者などの外部支援機関などのタスク環境と企業目標，企業文化，トップマネジメント，購買，財務，生産，人事など企業の他部門などから構成される企業内環境に分けることができる。

2.　国際マーケティング・リサーチ

　国内環境とは異なるグローバル市場における環境要因を探る方法のひとつとして当該市場におけるマーケティング・リサーチがある。企業にとってグローバル市場への参入の失敗は企業の盛衰に関係する程の甚大なリスクを伴う場合もあるため多くの時間とコストをかけて情報収集を行う必要がある。リサーチは，リスクを回避すると同時に市場機会を識別しグローバル・マーケティング戦略を展開するための判断材料とすることができる。国際マーケティングを展開しようとする企業にとって，国内マーケティングと大きく異なるのは取巻く環境要因が異なることであり，本国市場と同様のマーケティング戦略を遂行した場合，さまざまな不具合や損失が生じることになる。そのため，多くの時間とコストをかけマーケティング・リサーチを行うことでリスクを回避すると同時に，市場機会を識別しグローバル・マーケティングを有利に展開するための判断材料とすることができる。一般的に情報収集の方法は，調査するための項目の抽出から始まり，調査プランの設計，データ収集，収集データの分析，調査結果の報告といった手順で行われる場合が多い。そのリサーチは，自社の担当者が実施するよりもグローバル市場に精通したリサーチ会社によって実施される場合が多いとされている。必要とされる情報は企業や事業内容によって異なるが，一般的な情報収集項目として市場（消費者行動・商品・流通・コミュニケーション媒体とコスト・市場の反応），競合（競合企業・競合企業の事業内容・競合

企業の戦略と計画），通貨（国際収支・銀行金利・その国の通貨の強さ・金融の見通し），法的規制（法律・規制・法人税・配当送金に関する取り決め），情報資源（人脈・機関・政治・技術的環境），一般的情報（社旗・文化・政治・技術的環境）がある[4]。

図8-2　国際マーケティングにおける情報ニーズの範囲

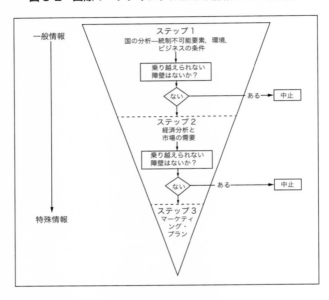

出所：P. R. カトーラ，S. キーベニー著，角松正雄監訳『マーケティングの国際化』文眞堂，1989年。

　一般的にマーケティング・リサーチは，以下の段階のように行われる[5]。

①（ステップⅠ）

　最初の段階（ステップⅠ）では，進出しようとする諸外国における統制不可能要因の理解が中心となる。それらは，経済的要因，政治的要因，法律・制度的要因，地域的統合体制の理解，地理的要因，社会・文化的要因などの環境要因について分析することから始まる。

　経済的要因とは，国内総生産（GDP）もしくは国民総生産（GNP），国民一人当たりのGDPやGNP，経済成長率，インフレ率，失業率，産業構造，輸

出構造，就業構造，外貨準備，国際収支，対外債務負担，財政収支構造，所得分布，労働賃金などを測定し，進出国の経済成長率や国民の購買力など基礎的なデータとして活用するものである。

　政治的要因とは，進出国における政権の安定性，いわゆるカントリーリスクは勿論のこと，政府の産業・財政金融・通貨・通商政策や将来的な計画，展望を注意深く把握することにより進出すべきか否かの判断材料とすることができる。

　いっぽう，進出国の政治・経済や社会環境の変化に伴い，新たな法律や規則が制定される場合もあるため注意が必要である。法的規制とは，民法や商法のように国内企業と同様に進出企業にも適用される法律，あるいは外資法や出資比率，投資分野の制限，ローカルコンテンツ，土地取得制限，現地人雇用・登用義務のような制約条件など海外からの進出企業を対象として適用されるものもある。進出しようとする企業は双方の法律が適用されるため，注意深くそれらの動向を見極める必要がある。

　また，市場の国際化が進み国際条約・法規などが締結されるいっぽうで，国際的に取引を制限する法律や，国家や地域間で協定（自由貿易協定，共同市場，関税・経済同盟，経済統合など地域統合体制）が結ばれるなど，反グローバリズムやリージョナリズムも台頭してきている。

　国際条約としては，第 2 次世界大戦後に自由・無差別・多角的貿易を目的にして設立された GATT（General Agreement on Tariffs Trade）がある。第 1 回の会議から第 7 回のウルグアイ・ラウンドに至るまで参加国は関税引き下げ処置，輸入制限の撤廃，非関税障壁の軽減，最恵国待遇の保持，農産物問題などを主体として貿易のルール作りが進めてられてきた[6]。そして，1995 年からは国際機関のひとつとして認められた WTO のもとでモノと同様にサービス貿易，知的所有権，貿易政策審査制度や複数国間貿易協定など国家間における紛争解決への取り組みが行われている[7]。

　ソビエト連邦崩壊や東ヨーロッパ諸国における社会体制の変化や中国をはじめとした新興国の経済発展が著しい中で，国家や地域の結びつきも強まっている。例えば，欧州と米国間のアメリカ環大西洋貿易投資パートナーシップ

(TTIP)，アジア地域内での環太平洋貿易投資パートナーシップ（TPP）など地域間での地域の経済連携，あるいは EU のように単一通貨ユーロを発足させ，ヒト・モノ・サービス・資本など自由移動を基本とした強固な経済統合，また米国，カナダ，メキシコ間での NAFTA のような自由貿易協定の締結，またアジア諸国の ASEAN，APEC のような太平洋諸国の経済協力，さらには日本とシンガポール間の FTA など，それぞれ問題を抱えながらも経済の地域統合がアジア・米・ヨーロッパ大陸の3極体制を中心に拡大している。

　世界的な環境保護に対する意識が高まるなかで，グローバル企業においても経済環境とともに地球の自然環境にも注目する必要性がある。温暖化やフロンの問題など地球環境の深刻化が叫ばれることにより，環境問題に対する意識が高まっており，20世紀型社会の大量生産・大量消費・大量廃棄型社会から循環型社会へと人々の関心も移行し始めている。そうした状況のもとで環境問題に対するさまざまな議定書が発行されており，海洋汚染の防止，有害廃棄物の越境移動に関する規制など国際的枠組みのもとで地球環境保全への取り組みが始まっている[8]。こうした経済・社会背景のなかで，世界的に事業展開を行うグローバル企業は，環境対応型の組織構造や経営行動への転換を余儀なくされており，環境に配慮した経営への取り組みが迫られている。グローバル企業の役割は，利益主導型の経済的な結びつきだけではなく，社会的な側面とも大きく関係しており，それらは相互に結びついているため経済的責任はもちろんのこと，企業市民としての責任も重要視されることから，環境マネジメントシステムの構築，エネルギー管理，環境にやさしい製品開発，環境情報の開示，環境教育など地球環境を意識したマーケティングが一層要求されることになる。

　②（ステップⅡ）

　次の段階（ステップⅡ）では，進出国のインフラ・ストラクチャー，労働慣行，当該市場における競争構造，消費者構造など潜在的市場を推測するために必要なミクロ環境の分析が行われる。これらは，個々の企業の経営行動に則した社会的要因や市場環境の分析である。具体的には，進出国における競合他社の製品構造や製品の需要予測をはじめとして年齢分布，所得層分布，人種構成，宗

教，言語，文化，教育水準，労働慣行に至るまで，自社の製品戦略に照らし合わせて具体的にさまざまな角度から市場分析を行う必要がある。

　企業が，国際市場で製品戦略を遂行していく場合に最も大きな障害として現れるのは，意思決定における人間のもつ自己集団準拠枠基準（SRC=Self-Reference Criterion）といわれている[9]。これは，人間が意思決定を下す時，無意識のうちに自分自身の文化的価値観，経験則，知識に準拠してさまざまな事柄に対して判断を下す傾向があることを意味している。人間は，誕生してから必然的に風土・慣習・習慣・価値観・審美観などをはじめとして文化そのものが社会・経済や人間形成の上で規範となるため，その国の人々の生活に密接に結びついていると思われる。そのため，一連の事実に直面した場合，その人が成長してきた過程で蓄積された，文化的背景を基礎とした知識に基づいて，直感的に反応してしまう傾向が強いのである。こうした文化・社会的概念に影響力を与える要因としては言語，美的感覚，教育水準，食習慣，社会集団，宗教，家族関係等が大きく関係することになるため，グローバル企業の担当者は自国や担当者自身のもつSRC概念を基準として経営を展開しようとするのではなく，常に進出国の文化的要素も考慮に入れる必要がある。

　国際マーケティングでは，国際市場における統制不可能な環境要素がマーケティングをより複雑にする。したがって，マーケティング・リサーチによって国内市場と国際市場の差異をあらかじめ予測し，マーケティング戦略にどのような影響を及ぼすのかを考えなければならない。

　障害がなく進出国として充分な市場としてみなすことができたならば，次の段階に進むことになる。

③（ステップⅢ）

　第3段階（ステップⅢ）として具体的にマーケティング戦略を計画することになる。第1段階や第2段階で検討した進出国のデータを参考に，本国企業は自社の販売する様々な性格をもつ製品の中から進出国の状況に合わせて海外市場で投入する製品を選択する。そして，進出国での製品ターゲットの設定や参入目標額，また参入方式等も検討される。

　このように，企業はマーケティング・リサーチを実施することにより，国際マーケティングを展開していくうえで重要な情報を得ることが可能となる。そして，マーケティング機会が存在するか否かの判断や識別，事業形態に関する意志決定，さらに市場へ導入するべき製品や販売促進などマーケティング戦略を遂行する上での手助けとなる。

第3節　国際マーケティング・ミックスの展開

1．製品政策と STP

　海外市場でマーケティングを展開する場合には，製品をできる限り標準化し，同一の製品を世界市場で販売することで競争優位性を確保するための具体的な製品戦略として，ポーターは市場を細分化する方法を挙げている。そして，それぞれを各国共通セグメント方式，国別多様セグメント方式，類似国セグメントと呼び，大きく3つに分類している[10]。

　各国共通セグメント方式とは，国際市場において，たとえ製品の総体的ニーズが異なる場合でも，それぞれの国に同一のニーズをもつセグメントが存在するとの判断から，そのセグメントに対してターゲットを絞り込み，標準化製品を同一のポジションで販売する方式である。

図 8-3　各国共通セグメント方式

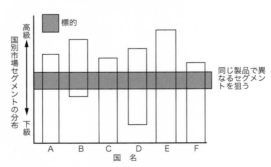

出所：M.E. ポーター著, 土岐坤, 中辻萬治, 小野寺武夫訳『グローバル企業の競争戦略』
　　　ダイヤモンド社, 1989 年, p.144。

　いっぽう，国別多様セグメント方式は，製品に対するニーズが異なっている場合，国ごとに異なるセグメントをターゲットとして製品戦略を展開する方法である。この方式では，標準化された製品を求めるセグメントが国によって大きく異なるため，広告チャネルやセールス活動などを国ごとに展開し，現地に適応化させる。その結果，それ以外のマーケティング活動である製品開発や製造などの標準化が可能となるという方式である。

図 8-4　国別多様セグメント方式

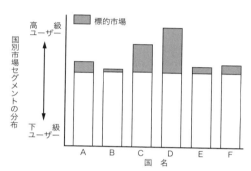

出所：M.E. ポーター著, 土岐坤, 中辻萬治, 小野寺武夫訳『グローバル企業の競争戦略』
　　　ダイヤモンド社，1989 年，p.145。

　また，類似国グループ方式は，同一の製品を世界市場で販売するために，言語，気候，宗教，経済発展度，流通経路などが類似している国をひとつの地域グループとして取り扱う方式である。ひとつの地域グループでは製品ニーズが類似しているため，共通している部分を標準化し，そうでない部分を現地仕様に変更することにより，規模の経済性を確保する。この方式を採用した場合には，マーケティング・ノウハウを同一の地域グループへ移転することにより，マーケティングを計画的に進めることが可能となったり，各グループ間で製品調整の能力が向上するなどの利点がある。
　これらの3つのセグメント方式を競争優位の観点から比較した場合，共通セグメント方式，国別多様セグメント方式，類似国グループ方式の順で総体的な

競争優位性が高いことが理解できる。従来は類似性や同質性を基に分類する方法が良く採用されていたが，現在は先進国市場ではニーズも個性化し多様化してきていることから分類は困難を極めることになっている[11]。

2. 国際市場におけるマーケティング・ミックス政策

　国際市場におけるマーケティング・ミックスでは，異なる外部環境の相違により国内とは異なる政策を具体的に考える必要がある。製品概念に関する考え方は，国内におけるものと同じであるが，製品を取り巻く環境や製品特性の違いによって製品自体の変更を加えることを余儀なくさせられる場合が多い。製品政策が国内生産から輸出段階へと移行していくと，製品は国内専用製品から国際的な製品として考える必要が出てくる。

　輸出段階の初期では，海外向けの製品といえどもパッケージ・デザイン，テイストなど，製品全体を見渡しても国内製品と何ら変化しておらず，中には製品に表記されている言語までも本国企業で使用されているままの製品もみられる。

　しかし，輸出段階を経て，さらにライセンス生産，現地生産へと海外市場への浸透度が深まるにつれて，国際市場の異なる環境に適合できるよう製品戦略を組立てるようになる。もちろん，企業が自社製品のすべてに変更を加えているわけではなく，変更をせずに製品を販売する場合もある。それは，製品の特性，企業戦略の方向性，進出国の市場特性によって大きく異なる。

　製品は物理的な生産物そのものを示しているだけではなく，それが生み出すイメージやサービスとともにそれがもたらす満足や効用まで含んでいる。したがって，国際マーケティング戦略における製品政策では，製品開発，ブランド名，パッケージ・デザイン，製品保証，アフター・サービスに至るまでのマーケティング活動を世界的規模で市場に合わせて考える必要がある。

　製品開発やプランニングでは，本国とは異なる環境の中で，現地国の消費者の製品に対するニーズを探っていく。例えば，「だれがその製品を使用するのか」というターゲットとなる層の割り出し，「いつどのようにしてその製品を使用するのか」という使用時期や使用目的の設定，「どこで，どのくらいの頻度で

その製品が使用されるのか」という使用場所や使用回数など，本国の製品と国際製品との間で製品特性に関する異なる評価をみつけ出し，変更を加えるなどの検討が必要となる。

　国際製品政策では，物的製品の変更，デザイン上の特徴，機能的特徴などの製品の中核となる要素も変更をしなければならないケースがある。それらの理由としては，①進出国の政府が，ある製品に対して規制や制限を設けている場合，②進出国の消費者となる人々の生活習慣，食習慣，宗教上の制限などをはじめとして文化・風習・習慣が大きく本国と異なる場合，③気候，天候，地理的条件などの違いにより，製品の使用方法や目的が異なる場合，④経済発展状況の違いによって製品のライフサイクルが異なる場合など，を挙げることができよう。

　パッケージングの要素は，中核となる（核心的要素・物的製品・デザイン上の特徴・機能的特徴）を取り巻く製品の形態のことであり，製品スタイルの特徴，パッケージング，ラベリング，トレード・マーク，シンボル・マーク，ブランド，カラーリング，品質，容量，レタリング，文字の字体などさまざまな要素が含まれている。①本国と進出国の消費者間で，製品に対して求めるニーズが異なる場合，②ブランドネームやシンボルマークが進出国の製品と著しく似通っていたり，同様であったりして製品の差別化が困難となったり，混同しやすいとの判断がなされた場合，③進出国において，製品のネーミング，パッケージング，カラーリングが悪いイメージを与えたり，宗教的なものであったりする場合，④進出国の特許や著作権，知的所有権に抵触してしまう場合，⑤進出国において製品の使用方法や目的の違いから容量を変更するためパッケージの大きさや形状を変更する場合など，本国と進出国の消費者間の環境差異によって大きく変更される場合がある。

　製品要素の中で一番外核である支援サービスには，修理および保全，説明書，据え付け，保証，配送，スペア部品供給などが含まれている。これらの要素は，製品モデルにおいて製品そのものではないため変更する必要はないと思われがちである。しかし，進出国の経済水準や文化を背景として物質主義的価値観（修

理および保全を消費者自ら行うことを習慣としてある）が大きく異なる場合（部品や製品をあらかじめ消費者が扱いやすいものや汎用性の効くものと交換したり変更したりする）や識字率の低さや教育水準の違いによって利用説明書，取扱説明書の変更が必要な場合もある。

　国際価格を決定する方法は，市場の異質性からより複雑なものとなる。それは世界中の景気状況における各国の為替レートは勿論，それだけではなく各国の経済状況，各企業の国際間の競争状況などさまざまな要因がまじりあって決定されている。それに加えて，各国における消費者の企業や製品に対するブランド価値も大いに影響を与えるひとつになるであろう。消費者は，製品の価格に対して相応しい価値があると判断すれば，価格にかかわらず購入に至る。したがって，海外進出を行う国際的な企業にとって，進出国の外部環境要因や消費者についても十分に把握したうえで価格を決定する必要がある。

　国際市場における国際価格の主要な決定要素には，規制，為替相場，インフレ率，価格管理などの環境要素，そして競争，所得水準市場構造などの市場要素，あるいは価格目標，生産コスト，流通コスト，収益性などの会社内部要素があるとされている[12]。

図 8-5　国際価格決定の要素影響

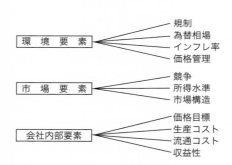

出所：H.Chee, R.Harris, Global Marketing Strategy, Financial Times Professional Limited, 1998, p.483.

　国際市場における価格政策が困難を極めるのは，その活動が複数国にまたがっており，進出国それぞれにおいて価格政策を行わなければならないからである。しかしながら，各国の通貨の相対的な価値は日常的に変動しており，多国籍企業が価格政策の一貫性を保持することは極めて困難を伴うのである⁽¹³⁾。また，各国における物価水準は異なっていることから，国際的な企業にとって市場の競争状況を常に把握することが困難であり，そのため市場ごとに価格競争力の程度と相違することもある。さらに，各国の税体系が異なっていることから税コストを価格政策の中に吸収する程度が異なってくることや，各国企業の価格政策に対する法律的規制や程度が異なることも考慮しなければならない。くわえて，各国消費者の製品価格に対する態度や程度も様々であり，商習慣や流通システムなども異なっていることから価格政策の統一性をはかることは極めて困難である。

　しかしながら，国際価格政策は，企業の収益と直接結びつくことから極めて重要な政策のひとつである。

　いっぽう，流通の面においても国内と国際市場では，距離や時間も勿論のこと，各国独自の流通チャネルや店舗特性があることから，より一層複雑なものとなる。流通は，製品を生産者から消費者へ移転させるのに必要な諸活動である。国際市場において，流通チャネルの長短や市場浸透度などチャネルの構成・統制・選択は生産者の統制のもとで行われる場合が多いが，国際市場は国内市場とは大きく異なり製品が消費者にいきわたる前に，生産者が統制力を維持できないケースが多々出てくる。生産者である企業は，国内流通とは異なるさまざまな中間業者を介して製品を消費者に届けることとなり，製品の統制力を喪失することも多くなることから企業が意図している流通や店舗で販売することができないなどの問題点も生じる場合がある⁽¹⁴⁾。

　国際コミュニケーションは，基本的な考え方は国内市場とほぼ同様であるものの，各国の諸条件により特殊性が生じる場合が多い。それらは，プロモーションにおける法的な規制の問題，プロモーションと言葉の問題，現地国でのイメージや知名度の問題，現地の広告代理店，販売業者の知識不足や無理解，プ

…現地国でのイメージや知名度の問題，現地の広告代理店，販売業者の知識不足や無理解，プ

ロモーションミックスの問題などがある。国際的なプロモーションは，国際的に統一した本国主義に基づいて行われる場合と，現地に対応した形式で行われる標準化アプローチと現地化アプローチがあるが，製品特性や本国の国籍，販売時期や状態，あるいは企業の戦略によっても異なりそれぞれメリット，デメリットもあるためそれぞれの製品やサービスの状態や展開時期によって異なった政策がとられる場合が多い [15]。

第4節 グローバル市場への参入形態

1. 海外輸出 [16]

企業による海外市場の関与の仕方としてもっとも浅いと考えられるのは輸出という手段であろう。それは，本国で製造した製品を輸出するか，もしくは第三国で製造した製品を輸出することである。この形態は，大きく間接輸出と直接輸出があり，その中でも企業自らが積極的に行う能動的な輸出と他の業社や商社からの引き合いによる受動的な輸出のタイプに分類できる。

間接輸出は商社を通して外国市場に販売を行う方法，海外のディストリビューター，業社（買い付け機関）を通じて販売を行う方法，そして海外の企業のもつ流通ネットワークを利用するピギーバックと呼ばれる3通りのタイプがある [17]。

商社を通して輸出販売を行う方法は，グローバル市場に精通していない企業にとって有用であり，商社の所有するノウハウやネットワークを通してすべての輸出業務を委託できるため，製造だけに専念すれば良いことなどのメリットを有する。また，外国の業社を通して販売する場合も同様であり，現地市場における文化，習慣，競争状況などの統制不可能となる要因を把握していることや，その国の様々なノウハウを所有していることから本国企業にとって大きなメリットとなる。したがってこの輸出段階では，企業自らが輸出のために事業部や販売部などの組織を設立することは少なく，数少ない担当者がその状況に応じて輸出事項に対応することとなる。

さらに輸出量が拡大し海外市場における取引が拡大してくると，商社を利用

せずに企業自らが現地子会社，販売会社，販売代理店，特約店など活用し自社の関与を強めるようになる。その方法として直接輸出を選択する，あるいは商社の利用を継続しながら企業自らが海外市場の開拓を目指して輸出活動を始めるような2つの方法が考えられる。直接輸出を選択した場合には，国内の販売部門の中に輸出業務全般を取り扱う輸出部を設立し，為替手形，信用状，通関手続，国際輸送，海上保険などについての処理業務や海外向け製品の出荷，決済なども直接行わなければならず貿易業務が発生することになる。さらに将来的に現地の販売会社を運営するための資金や人材の確保など多くの労力が必要となるため，海外取引の窓口ともいうべき輸出部，貿易部などの部門が設立される。しかし，現実には輸出部や貿易部はその大半の業務が商社との取引が中心であるため，本来の国際的な取引に関係する部門とは程遠い段階である。初期の輸出段階では，企業は外国市場に対して不慣れなことから受動的な輸出が多くみられるが，ある程度輸出が軌道に乗ってくると自社製品の拡大や企業成長を目指すために販売会社や現地支店を開設するなど能動的な輸出展開を始める場合が多くみられるが，自ら進出国に流通チャネルを作り上げるのは莫大なコストと時間がかかることから進出国に精通している現地企業の流通ネットワークを利用する共同輸出という形態をとるケースもある。

　次の段階では，輸出を担っていた輸出部を国内販売事業部の一部門から独立させ，組織上の制約から解放することにより輸出業務に特化した部門を設立する企業や輸出部が輸出業務を効率的かつ効果的に実施するために海外の主要地域に海外事務所や海外製造子会社などを設立する企業も登場してくる。製造子会社を設立する理由は，①現地国政府の輸入量制限や規制による国内産業保護政策に対して，現地国の国際収支の改善や雇用機会の創出を増やす現地国への貢献を示すことにより製品輸出の拡大による貿易摩擦を回避する目的，②顧客の近くで生産・販売することによるマーケティング戦略におけるメリットの享受が考えられる。この段階は，将来的に国際市場における市場拡大を目指し適材適所での生産体制を確立することや，マーケティング戦略を優位に展開するための準備段階と考えられる。そのため現地市場の状況（競争状況，物価など）

や消費者動向（消費者ニーズ・ライバル企業）などの情報を収集し，いっそうの海外市場における取引の強化に努めるようになる。しかしこの時期の現地市場における主な経営活動はすべて進出先の海外事務所に任せる場合が多く，本国企業との連絡や調整は本国企業の海外輸出部の担当者が出張という形式で現地に出向くことが多いとされている[18]。

2. ライセンス契約

　海外輸出によって自社製品の販売数量が一定量に達すると，現地生産の可能性を模索し始めることになる。現地生産体制に移行するためには企業を取り巻くさまざまな統制不可能要因を探るための多くの資金や人的資源が必要となる。そのリスクを低減するひとつの方法としてライセンス契約がある。

　ライセンス契約とは企業（ライセンサー）がある一定の期間を定めて海外の企業（ライセンシー）に対し，製造技術の指導，マーケティング・ノウハウの提供，商標・デザインの使用を認める対価として使用料を受け取るものである。その契約方法は製造委託契約，フランチャイズ契約，マネジメント契約に分類できる。近年では，製造委託契約のひとつのありかたとして OEM や ODM，アウトソーシングなどの方法を利用する企業も増えている。この契約方法のメリットは，①現地経営に慣れていない企業でもグローバル市場へ自社ブランド製品を投入できること，②貿易摩擦をはじめとする現地市場でのトラブルを回避しやすいこと，③現地情報の探索にかかる資金投入量が少なくて済むことができるなどのメリットがある。

　しかし現地市場との接触が少なく間接的な情報しか手に入らないため，ライセンシーとの間で契約上のトラブルやライセンシーの状況を把握できないことから本国企業が希望する戦略の展開が困難になったり，ライセンサーの競合相手となる可能性が出てくることや，ライセンサー自らが直接投資を行うようになった場合などライセンシー間でトラブルも多くみられる[19]。

　フランチャイズ契約は，事業者であるフランチャイザーがフランチャイジーと呼ばれる個人業主や企業に対して一定期間，地域を限定して事業を運営する

権利を与えるものである。この契約は，一般消費財の分野でよく目にする形態であり，製品やサービスの供給のみならず製造から販売までのすべての経営活動を含む契約である。この方法はフランチャイジーが土地や店舗などの資金を負担し，フランチャイザーは経営管理についての指導責任をもつという方式であり，商売のノウハウを所有していないフランチャイジーと経営ノウハウをもつフランチャイザーの共同経営ということになる[20]。フランチャイザーにとっては，①現地の消費者に対して直接アプローチをする手間を省くことができること，②経営面での多くの時間や資金を節約できること，③自社ブランドで素早く市場拡大を図ること，などのメリットがある。しかし，近年では市場の動きが早くフランチャイジーにとって当初の計画通りに利益を確保することができないために契約解除を申し出るなどフランチャイザーとフランチャイジー間でトラブルが多くなっている。

　いっぽう，マネジメント契約は，経営の知識・経験・技術を所有するにもかかわらず，自社の資金や設備が不足している場合に，資金や設備は豊富であるが経営ノウハウをもたない企業と契約を結ぶ方法である[21]。前者は，事業経営のノウハウを提供したり，経営診断などのバックアップをすることにより，相互協力のもとで事業を拡大する方法である。この方法では，実際に事業を展開する企業が，時間の経過とともに経営ノウハウを習得するようになると，自らが独自で事業を展開するようになるため契約が破棄される場合も多い。

3.　直接投資

　次の段階では，それまでに開拓した海外市場をさらに発展させ，海外市場における確固たる地位を築くために，海外現地法人として販売子会社を設立し自社ですべての海外取引を行う直接投資の段階に移行する。そして海外に設立された現地子会社は，本国から輸入した製品の販売を行うだけではなく，販売後のアフター・サービス，現地市場の動向や情報の収集，販売促進活動や広告など経営活動をより深めていくこととなる。

　企業のタイプによっては，直接投資に対するリスクに対する慎重さから合弁

事業の設立や企業買収などの方法で直接投資を行う場合もある。

（1）合弁事業

　ライセンス契約の発展型とも考えられるこの方式は，ジョイントベンチャー（Joint Venture）と呼ばれ，共同出資者としてのパートナーと合弁で企業を設立する方法である。こうした方法で直接投資を行う理由は，①進出先の政府が外国の企業に対して法的な規制や圧力をかけるケース②進出先の政府とパートナーとの密接な関係があるケース，③現地市場における競争が激しく自社単独で直接投資をするよりも合弁形態のほうが多くのメリットがあるケース，④経営資源に余裕が無いケースなどが考えられる[22]。合弁パートナーと相互に信頼関係を築き上げるためには，パートナーとなる相手企業の国の文化，社会習慣などをはじめとして消費行動，製品や広告などのマーケティング，経営管理方式など本国と異なる経営環境や外部環境にも充分に配慮する必要がある。

（2）企業買収 [23]

　Merger & Acquisition の略語である M&A（企業買収）は，合弁，買収の双方を意味する用語である。それは特定企業のもつ資産や営業権の一部，もしくは全部を取得し経営権を手に入れる方法である。この方式は起業から成長，拡大という企業の進化過程を経ずに，直接経営ノウハウを獲得し事業経営に携わることが可能となる。そして，新規事業への参入が容易であり企業の多角化や拡大戦略に有効な方式である。

（3）戦略同盟

　グローバル企業において，相互に利益を得る戦略的に重要な目標を達成するための2社あるいはそれ以上の提携を戦略同盟と呼んでいる。航空会社などではアライアンスと言われるように，協力関係を築くことにより巻き返しを図るための手段，企業における特定事業単位において生き残るための手段，リーダーの地位にない企業が事業を生き残りの手段として活用し再編成を試みるなどの目的で行われる[24]。

（4）自営企業

　企業自らが100%出資の完全所有子会社を設立し海外市場へ参入する方法

である[25]。この方法のメリットは経営方針の徹底，人事権の掌握，マーケティング戦略など生産から販売までのヒト・モノ・カネといったすべての企業活動を把握できることにある。海外市場での経営が軌道に乗れば，本国への逆輸入や第三国への輸出のようなグローバルな事業展開が可能となる。

　しかし，経営活動のすべてを自社で行わなければならないため，投資コストも他の参入形態と比較して膨大となるため現地市場からの急速な撤退は困難になる。したがってこの方法で海外市場へ参入する場合には，現地視察などを含めた市場調査を充分に行い，事業が成功するかを十分に見定める必要がある。

　上記のような企業の海外進出方法は，自社の資本力・経営風土・製品特性・マーケティング戦略・意志決定など様々な要因をもとにして決定される。海外市場への関与の度合いとリスクは比例し大きくなることを考慮し，海外戦略は判断されなければならない[26]。

注

(1) 加藤勇夫・寶多國弘・尾碕眞編著『現代のマーケティング論』ナカニシヤ出版，2006 年，p.213。

(2) R. Vernon, *Sovereignty at Bay*, Basic, 1971. 霍見芳浩訳『多国籍企業の新展開』ダイヤモンド社，1973 年，pp.71-81。

(3) L. T. Wells, "A Product Life Cycle for International Trade?", *Journal of Marketing*, Vol. 32 No. 3, July 1968, pp.1-6.

(4) Warren J. Keegan, *Global Marketing Management*, 7th ed., Prentice-Hall, 2002, pp.255-259.

(5) P. R. Cateora & S. Keavency, *Marketing, An International Perspective*, Richard D. Irwin Inc., P. R. カトーラ・S. キーベニー，角松正雄監訳『マーケティングの国際化』文眞堂，1989 年，pp.64-66。

(6) 通産省編『通商白書 平成 4 年度版』大蔵省印刷局，1992 年，p.226 を参照。

(7) 経済産業省「対外経済総合サイト」参照のこと。(2005.8.10)
http://www.meti.go.jp/policy/trade_policy/wto/round/index.html

(8) 経済産業省「対外経済総合サイト」参照のこと。(2005.8.10)

(9) P. R. Cateora & S. Keavency, *Marketing, An International Perspective*, Richard D. Irwin Inc. P.R. カトーラ・S. キーベニー，角松正雄監訳，前掲書，pp.23-24。

(10) M.E. ポーター編，土岐坤・中辻萬治・小野寺武夫訳『グローバル企業の競争戦略』ダイヤモンド社，1996 年，pp.144-146。

(11) 諸上茂人『国際マーケティング講義』同文舘出版，2013 年，pp.106 -108。

(12) H. Chee, R. Harris, *Global Marketing Strategy*, Financial Times Professional Limited, 1998, pp.483-487.

(13) 熊田喜三男編『国際マーケティング戦略』学文社，2000 年，pp.135-136。

(14) 同上書，p.162。

(15) 同上書，p.192。

(16) G. P. Perrardo, *The Cultural Dimension of International Business*, Prentice-Hall, 1990, pp.18-19.

(17) P. R. カトーラ・S. キーベニー，角松正雄監訳，前掲書，pp.23-24。

(18) 長岡正編『環境経営論の構築　朝日大学産業情報研究所叢書6』成文堂，2002 年，pp.46-54。

(19) Warren J. Keegan, 7th ed., *op.cit.*, pp.166-168.

(20) 熊田喜三男編，前掲書，2000 年，pp.112-131。

(21) 熊田喜三男編，同上書，pp.71-72。

(22) 竹田志郎編『国際経営論』中央経済社，1994 年，pp.83-84。

(23) 田内幸一，堀出一郎『国際マーケティング』中央経済社，1994 年，pp.76-78。

(24) 小田部正明，クリスチアン・ヘルセン，横井義則監訳『グローバル・ビジネス戦略』同文舘出版，2001 年，pp.196-197。

(25) 竹田志郎編，前掲書，pp.48-49。

(26) F. R. Root, *Foreign Market Entry Strategy*, AMACOM, 1982. 桑名義晴訳『海外市場戦略』HBJ 出版局，1984 年，pp.16-19。

（岡本 純）

第9章　サービス・マーケティング

　周知のように経済のサービス化が進展している。

　広義のサービス産業と捉えられる第三次産業は，2018 年の産業別の GDP（国内総生産）構成比（名目）では 72.2% となっている[(1)]。2016 年の企業数でみると第三次産業で全産業の 78.1% を占めている[(2)]。また，2018 年の第三次産業に従事する就業者の全就業者に占める割合は，約 7 割を超えている[(3)]。

　さらに，2017 年における二人以上の世帯（農林漁家世帯を除く）の 1 世帯当たりの財・サービスへの支出の構成比をみると，4 割超がサービスへの支出となっている[(4)]。

　このように生産，労働，消費の 3 つの側面で経済のサービス化が進展，深化している。第一次産業，第二次産業においてもサービスとの結びつきの深化が確認できる。

　こうした経済のサービス化の進展・深化を踏まえ，サービス・マーケティングの展開について考察していきたい[(5)]。

第1節　サービスとは何か

　サービスとは，「個人や組織を対象とする価値生産的な活動」と捉えることができる。ここでいう価値生産的活動とは，サービス活動が個人や組織に何らかの結果をもたらすことをいう[(6)]。

　サービスは活動，働きであり，こうした「活動そのもの」を，対価を支払って手に入れることを「サービスを購入する」という。

　「購入する」ということは，「経済的財として経営活動の対象にするには，サービスは市場で取引される活動でなくてはならない」ことを意味する。すな

わち「個人や組織に何らかの便益（ベネフィット）をもたらす活動そのものが，市場取引の対象となるときサービス（商品）と呼ぶことができる」[7]。

　本章で取り扱うサービスは，市場で取引される活動である。一般にいう「サービスして安くしておきます」とか「本日のサービス品」といった表現にみられる無料や無償，値引きといった意味でのサービスは，この章で取り扱うサービスではない。

　多くの製品は，有形財であるモノと無形財であるサービスとの組み合わせから構成され，単純にモノとサービスを分けることは困難である。われわれの身の回りの製品を見渡してもほとんどのモノは，サービスのサポートをともない，ほとんどのサービスの提供には，道具，設備などのモノを必要とする。

　製品によって，モノが中核（core: コア）製品となる場合もあれば，サービスが中核製品となる場合もある。家電は有形財・モノが中核製品となるものであり，航空サービスは，飛行機で目的地に安全に速やかに移動するというサービスが中核製品である。モノを中核製品とし全体に占める有形要素が多い製品を有形財・モノと称し，無形財であるサービスが中核製品となり無形要素が多い製品をサービスと呼ぶ。

　アメリカ・マーケティング協会（AMA）の定義委員会は，サービスとは，「販売のために提供される，もしくは財の販売に関連して提供される諸活動，便益，ないしは満足」と定義している[8]。この定義によれば，航空サービスなどの移動サービス，旅行や理美容といった製品の中核となるサービスと，店員よる販売支援，アフター・サービスといった補完（sub: サブ）サービスも同じくサービスと称している。無形財が製品の中核製品となる前者のサービスを「本体型サービス」といい，後者のモノないしは本体型サービスと結びついて展開されるサービスで，商品販売の before, on, after として実施され，ジョイントすることによって商品単独の販売よりも高い付加価値を実現し，ときにはシナジー効果すら発揮するサービスを「付加価値型サービス」[9]ということがある。

　本章で主に取り扱うサービスは，販売の中核にサービスが位置している本体型のサービスである。そうしたサービス財（商品・プロダクト）を販売対象と

している企業をサービス業と捉える。

第2節　サービスの基本特性について

　サービスにはモノにはない以下に示すいくつかの特性があり，モノのマーケティングでは，あまり問題とされなかったサービス特有の問題が生ずる。それゆえ，サービス・マーケティングが必要とされるのである。モノとサービスの性質の違いに基づくサービスの基本特性については，以下のものがあげられる[10]。

①無形性（intangibility）：サービスは，本質的には形のないもので，その購入に先立ち，事前にみたり，聞いたり，触れたりといったことができない無形性を有する。このことは，人間の五感によってその品質を評価することが困難であることを意味する。実際に，そのサービスの提供を受けてみなければ，その内容や効果の判定が難しい場合も多い。多くのサービスでは，実際にそのサービスの提供を受けてみなければそのサービスの内容や品質を評価することは困難なものも多い。

②生産と消費の同時性（inseparability: 不可分性）：サービスでは，生産と消費が同時に行われる。サービスが提供されるその場所に消費者（または消費者の所有物）がいなければ（なければ）消費が成立しないわけで，生産即消費となる。生産と消費が時間的，空間的に分離されず同時に存在し，サービスのチャネルはダイレクトなものになる。また，集中化した大量生産も困難となる傾向が高い。

③異質性（heterogeneity: 不均質性，品質変動性）：サービスは，それを提供する人，時間，場所，状況，顧客との相互作用などによって影響を受けやすく，その品質がバラつきやすく変動性が高いのが特徴である。サービスの消費にあたってはこうした品質の変動性によって不確実性が高まる。

④消滅性（perishability）：サービスはある一定の時間（空間）に存在し，その提供がすめば消滅してしまう一過性の強い商品である。またモノのように何度も繰り返しそれを使用したり，提供されたサービスが不良で期待していたものと違っていてもそのサービスを返品，交換したり買い戻させることが困難である。理美容サービスの提供を受け，そのヘアスタイルが気にいらなかったとしても，カットした髪をもとに戻すことはできない（不可逆性）。また，サービスは売れるまでストックしておくことも困難である（非貯蔵性）。

　本章でいうサービス・マーケティングとは，こうした特性をもつサービスが販売の中核に位置しているサービス業のマーケティングのことをいう。サービスとは，モノの機能をフローとして市場で取引する営みのことを意味し，サービス業は，モノ自体でなく，モノのもつ「機能」を売買の対象としている[11]。

第3節　サービス・マーケティングの枠組み― 3つのマーケティング―

　サービス・マーケティングは，先に示されたサービスのもつ特性を踏まえ，有形財（モノ）のマーケティングに加えて，さらに次の観点からのマーケティングにも着目する必要がある。

　サービス・マーケティングでは，エクスターナル・マーケティング，インターナル・マーケティング，インタラクティブ・マーケティングの3つのマーケティングが重視される。

①エクスターナル・マーケティング（external marketing）：外部マーケティングともよばれ，企業と顧客との間で行われるマーケティングである。

　　具体的には，サービスの開発を含む製品政策，適切なサービスの価格設定等を検討する価格政策，どういった立地や施設において，あるいは，どのような方法，経路でサービスを提供するかといったチャネル政策，サー

ビスの広告や販売促進活動をどのように展開していくかという活動を含む
プロモーション政策，いわゆる4Pを中心とする伝統的マーケティング活
動がこれに該当する。

②インターナル・マーケティング（internal　marketing：内部マーケティング）：
　企業と従業員（接客員）に代表されるコンタクト・パーソネル（CP：contact
　personnel）との関係に注目し，その間において展開されるマーケティングで
　ある。

　　CPは，サービスを購入，利用する顧客と直に接する者をいい，理美容
　サービスの場合は，ヘアカットなどの理美容サービスを提供する美容師や
　理髪師が，医療サービスの場合は，患者を直接診断，治療する医師や看護
　師などがこれにあたる。CPを訓練し適切な動機付けを行うとともに従業
　員満足（employee satisfaction：ES）を向上させ，彼らが顧客に対して最高
　のパフォーマンスを発揮できるようにその能力を引き出すものである。顧
　客と直に接するCPは，そのサービス全体の心象を左右する重要な役割を
　果たす。

③インタラクティブ・マーケティング（interactive marketing）：顧客とCP
　間で行われるマーケティングである。

　　サービスの品質やその顧客満足は売り手と買い手（利用者）つまりその
　企業の従業員（接客員）に代表されるCPと顧客との相互作用によって左
　右される。希望のヘアスタイルにするためには，そのサービス提供者であ
　る美容師に好みの髪型を的確に伝え，相互のコミュニケーション，共同作
　業によってそれを仕上げていく必要がある。適切な医療サービスを受ける
　ためには，医師や看護師といった医療従事者に正確にその病状を伝え，コ
　ミュニケーションすることから始まる。このように優れたサービスの提供
　には，サービスの生産，提供過程への顧客参加とそこでの良好な相互コ
　ミュニケーションが欠かせない [12]。この顧客とCP（従業員，接客員など）
　との接点，相互作用・コミュニケーションの場（サービス・エンカウンター）
　に注目するのがインタラクティブ・マーケティングである。

　これら 3 つのマーケティングがうまく機能してはじめて優れたサービスが
展開される。

図 9-1　サービス・マーケティングの三つの枠組み

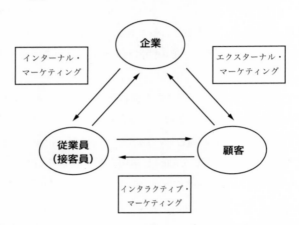

出所：フィリップ・コトラー，ゲーリー・アームストロング，恩蔵直人監修，月谷真紀
　　　訳『コトラーのマーケティング入門』ピアソン・エデュケーション，1999 年，
　　　p.303 をもとに筆者作成。

第 4 節　サービスの品質に関して

　サービスの品質を検討するにあたって，その製品属性に着目してみたい。
　製品属性（product attributes）は，探索属性（search attributes），経験属性
（experience attributes），信頼属性（credence attributes）の 3 属性に分類される。
　探索属性とは，デザイン，カラーなど顧客が商品購入前にその品質を探索して
その善し悪しを確かめ評価できる特性である。一般にモノの多くはこの属性をも
とにその品質が評価される。自動車，衣類，家具など実際に手で触ったり，試し
に利用してみたりと人間の五感によってその品質の評価をすることができる。
　経験属性とは，購入時，または購入後，実際に商品を利用，経験して判断で
きる特性である。サービスの多くは，この経験属性が高いとされる。ホテル，

図9-2　製品属性と品質特性

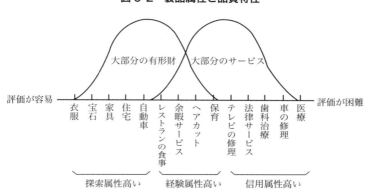

出所：V. A. Zeithaml,"How Consumer Evaluation Processes Differ between Goods and
　　　Services", in J. H. Donnelly　and W. R. George (eds.), *Marketing of Services*,
　　　American Marketing Association, 1981, p.186.

レストラン，旅行など実際にサービスを利用する前にはその品質を把握することが難しく，経験することによって初めてその内容を評価できる。

　信頼属性は，サービスの消費後しばらくしてその品質を評価できるか，その消費後であってもその品質を評価できる十分な知識をもち合わせておらず，その評価が困難であるものをいう。医療や法律相談などといったサービスは，その専門知識があって初めてそのサービスの品質を評価できる。一般の消費者は，そうした提供者のサービスの善し悪しを判断するに足る十分な専門性を有していることは少なく，サービスの利用・購入時点ではその提供者を信頼し，その利用，購入を決めることも多い。病院での手術など施術後であってもその内容を評価することが困難なケースもある。

　モノは，探索属性と経験属性に関連し，サービスは，経験属性と信頼属性に関連することが多い。この属性は，サービスの消費に関して，その事前評価を困難にする。

　サービスの品質は，サービスが提供されるまでの一連のプロセス設計と，その設計に従い，いかに実行するかが大きな要素となる。

　サービスの設計に関しては，ショスタック（Shostack, G.L.）が提唱するサービス・ブループリント（service blueprint）という手法がある[13]。サービス・ブループリントとは，サービスの青写真，設計図のことで，一連のあるべきサービス提供プロセスを一つ一つの活動に分け，その全体の中でそのつながりをわかりやすく図式的に描いたものである。顧客からみえて，彼らが実際に体験するサービスのフロント・ステージと，顧客からはみえないが，従業員が担うバック・ステージに分け示している。サービスの提供者である従業員らと顧客がどのように関わり，バック・ステージの活動，機器，システムがどのように補佐しているかなどをサービス提供プロセス全体の流れのなかで明らかにする。これによって，どのようなサービスを提供する必要があるか，そのためにどのような提供プロセスを構築するべきかを把握することが可能となる。

　次に，サービスの質を考える上で有効な視座を提供するサービス・プロフィット・チェーンについてふれてみたい。

　ヘスケット（James L. Heskett）らが示したサービス・プロフィット・チェーンという考えは，企業内のサービスの質（職場環境の条件）を高めることが従業員満足を高め，それが従業員のロイヤルティを高め，顧客サービスの質を向上させ，顧客満足度を上げ，顧客のロイヤルティをより高め，企業収益の増加をもたらすという一連の関係を示したものである[14]。この収益の増加は，さらに社内サービスの質を向上させる投資に向かう。こうしたプラスの連鎖の重要性を示している。多くの成功しているサービス企業は，サービス・プロフィット・チェーンの考えが良好に機能していると考えられる。

　また，サービスの品質を測る手法としてSERVQALがある。SERVQALとは，service qualityを略したもので，サービスを購入前の顧客の期待と購入後の実際の経験・結果を比較し，分析するギャップ分析の一つである。「実際のサービスが提供する成果 ― 事前の期待」の関係で捉えることができる。それは，信頼性，反応性，確信性，共感性，物的要素の5つの項目について分析がなされる。

　①信頼性：約束したサービスについて，任すことができ，正確に実行できる

図 9-3　サービス・プロフィット・チェーンの流れ

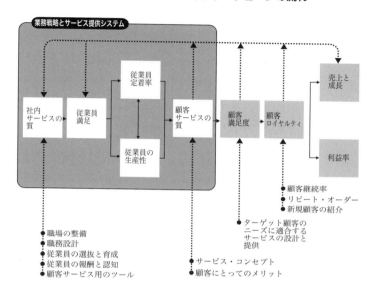

出所：DIAMOND ハーバード・ビジネス・レビュー編集部編・訳『いかに「サービス」を
　　　収益化するか』ダイヤモンド社，2005 年，p.6。

能力に関する評価を示している。その能力への信頼度を指す。

②反応性：迅速性，対応性とも表されることがある。サービスを実施するう
　えでの従業員のやる気と迅速性を意味する。顧客の要求に対していかにや
　る気をもって迅速に対応するかという観点からの評価である。

③確信性：確実性とも表せられ，従業員のもつ知識や技術，顧客に対する礼
　儀正しさ，そこから派生する安心感につながる評価項目である。

④共感性：企業が示す顧客への個人的な配慮や世話に関するもので，顧客の
　置かれている状況を理解し，文字どおり共感して顧客対応を行うことにか
　かわる評価である。この共感性は，信頼属性の高いサービスにおいて重視
　されることが多い項目といえよう。

⑤物的要素：有形性とも表されることがあるが，サービスに関する施設，備

品，係員の服装・ユニフォーム，パンフレットなどを含む有形要素に関する評価項目である。この要素はサービスの心象に大きく影響する。

どの評価項目が重視されるかは，業種・業態によって変化し，企業が展開する経営戦略，マーケティング戦略によっても変わる。同種のサービスであっても，企業戦略，それに基づくサービス・コンセプトによって異なる。

SERVQAL に関しては，品質ではなく満足を測定しているのではないか，サービスの無形要素を重視しすぎていて評価項目が偏っているのではないかという批判もある。

第5節　サービスのマーケティング・ミックスについて

サービス・マーケティング・ミックスは，製品 (product)，価格 (price)，立地・チャネル (place)，販売促進 (promotion)，人 (people)，物的環境要素 (physical evidence)，提供過程 (process) の 7P から構成される。前者の4つは，モノ，サービスに共通するもので 4P と称し広く一般的にマーケティングにおいて使用されている。

以下で，サービスのマーケティング・ミックスを構成する諸要素について検討する。

1. 製品 (product)

サービスの場合，製品はサービス・プロダクトとも表される。サービスの中核であるコア・サービス，コア・サービスの利用を促進，強化し，サービスの価値や魅力を高める補完サービス（サブ・サービス），補助財，副次財等から構成される。

サービス・プロダクトの内容を決定するポイントとしては，サービス・コンセプトの設計，サービス品質，サービス・パッケージ，プロダクト・ライン，ブランディングの項目について決定することが必要である[15]。

どのようなサービス（商品）を提供するか，その決定において最も重要な要

素となるサービス・コンセプト（商品コンセプト）の決定に際しては，企業の主張を込め，ユニークなものにすることが肝要である。

　サービス品質の特徴としては，顧客に提供する前にその品質をあらかじめ用意しておくことが難しい。準備はできても，実際のサービスはその生産と消費の同時性により，その場で生産・消費されるのでモノのよう在庫として作り置くような用意はできない。ゆえに，提供する人材の確保・訓練，提供プロセスの整備等の事前準備が重要になる。サービスのマネジメントでは，優れた品質のサービスを生産するために，どのような準備をするかが中心的なテーマの一つとなる。

　また，どのような水準のサービス品質を提供するかの決定に際しては，その品質に応じたオペレーションの設計，準備が必要となる。

　コア・サービスとサブ・サービスの組み合わせからなるサービス・パッケージとしてどんな種類と範囲のサブ（補完的）・サービスを含むか，その種類と組合せを決定しなければならない[16]。プロダクト・ラインの決定とは，サービスという商品の品揃えのことであり，提供するサービスのラインを幅広くし総合化するのか，絞り込んで専門性を高めるのかを決定する部分となる。

　また，サービスにおいてブランドを付けてブランド化をはかることは，他社の提供するサービスとの差別化の意味から重要となる。サービスは無形性等の特性により商品の購入に当たって事前にその内容・品質を確かめることが難しい。したがって，顧客から認知され，信頼されるブランドを確立することは，事前の手がかりとしても大きな役割を果たす。

2.　価格（price）

　サービスは無形のパフォーマンスであるので，モノのようにその原価が明確ではなく，その価格設定に関しては不透明さが指摘されることもある。サービスは，多様な価値尺度を内包するため，価値と価格の関係が不明確なものも多く，利用者・提供者の価値観によって左右される部分も大きい。モノの生産のような厳格なコスト把握が容易でないケースもあり，合理的かつ細密な価格設

定が困難となることもある。

　サービスは，一般的に労働集約的であり，そのコストに占めるサービス・スタッフの人件費等の割合が高く，製造業に比べて固定費の割合が高いとされている。

　ラブロック（Lovelock, C.）らによれば，サービスの価格戦略は，サービス提供側のコスト，市場競争，顧客価値の３つの要素から成るという。

　サービス提供側が回収しなければならないコストは下限価格となり，顧客の知覚サービス価格は上限価格となる。また，類似あるいは代替サービスの価格は通常その間のゾーンとなる。これらの価格帯の範囲でサービスの価格設定の目的に応じた実際の価格が決まるとしている[17]。

　また，サービスの価格決定にあたっては，柔軟な価格戦略を採用することによって，サービスの需給の調整を行い，その需要を標準化，平準化することも重要となる。

3.　立地・チャネル（place）

　サービスにおいては，その基本特性である生産と消費の同時性（不可分性）により，生産と消費が時間的，空間的に同時に行われるため，生産即消費となり，そのチャネルはダイレクト・チャネル，直接流通となる[18]。いいかえると，サービスの場合，物的流通や流通機構は存在しない。

　ゆえに，その業務の拡大に当たっては，サービスの拠点を増加し，生産と消費の機会を増やす多拠点化戦略が有効となる。近年，銀行の ATM サービスや宅配会社の宅配サービス等にみられるように，コンビニエンス・ストアなどの第三者と協業して端末を設置したり，そのネットワークと結びついたりすることによって多拠点化を図るケースも多くみられる。

　また，サービスの提供については，顧客が直接サービスの提供場所に赴く場合とサービスの提供者が顧客の場所まで出向く場合がある。

　前者の場合の立地に関しては，通常，駅前などの交通の便のよいところに立地したり，繁華街やショッピングセンターなどの人が多く集まる場所に立地し

たりすることが多い。後者は，顧客の所に生産場所を移すことでサービスの価値を高めているものである。タクシーサービス，医者の往診，家庭教師，ベビーシッター，ケータリング・サービスなどがその例としてあげられよう。

4.　プロモーション（promotion）

　サービスのプロモーションは，顧客が正しい購買選択をするために資するものであるべきである。サービスの内容を正確に伝えることは，その内容を把握しにくいサービスにおいて，モノ以上にその努力が求められる。時には，求めていたサービスと利用したサービスが大きく違っていた場合にその保証を提示するサービス保証もプロモーションの観点から有効となる。

　サービスは，基本的に無形の活動，行為，パフォーマンスであるのでモノと違いその価値を伝えることが困難となる。例えば，モノのように実物を写真に撮り視覚に訴える形で販売促進することも難しい。また，サービスは，探索属性が低いので事前にその品質を確かめることを困難にする。サービスを購入し経験するまではその品質を知ることができないというこの事前探索の難しさもサービスのプロモーションの効果を限定的なものにする。

　こうした難しさがあるなかでも，あるいは，そのような状況ゆえに重視すべきサービスのプロモーションの留意点として以下の点を確認したい。

　ひとつは，サービスの可視化に努めることである。サービスの広告においては，なるべく多くの有形要素を盛り込むことがよく行われる。明確なイメージをともなった広告が有効である。

　また，本質的に探索性が低いサービスではあるが，事前に無料ないしは低価格で試験的にサービスを経験させ，その内容を理解してもらい購入を促進しようとするプロモーションも多い。物財における試供品の提供と同じく，初回に限定した無料あるいは割引価格での体験など身近な販売促進策の例として確認できる。

　また，ソーシャル・ネットワークを含めた口コミの活用も今日，非常に重要な手法となっている。

5. 人 (people)

サービスは品質を均一に保ちにくく，バラツキが生じやすい。これは，サービスを提供する主体が人の場合に多い。

サービスはその生産過程に顧客が参加することも多く，時に従業員と顧客がコミュニケーションを伴いながら共同作業することではじめて良好なサービスを提供できる財である。

家庭教師サービスにおいては，教える側の家庭教師だけ努力してもその求める成果は得られない。教える側である家庭教師と教えられる側の生徒の良好な共同作業が成立してはじめて学力向上につながる。

したがって，人の要素はサービス・マーケティングにおいて非常に大きな役割をしめる。

サービス・コンセプトを理解し，その強化につながるような従業員のリクルートや研修等が重要視される。

6. 物的環境要素 (physical evidence：有形化)

物的環境要素には，建物の外観・内装，設備，機械，器具，従業員・スタッフの服装やユニフォーム，看板，パンフレットなどの印刷物などが該当する。

これらは，サービスの価値を顧客に伝えるための手段となる。サービスは，無形部分に関しては，手にとって捉えることも，視覚によって確認することもできないので，顧客はサービスの有形部分を手がかりとしてサービスの価値を判断し，イメージを形成することも多い。飲食店の店構えや外観は，その店の提供する飲食サービスの内容や質を伝えている。

サービスは，先述のように経験財，信頼財の要素が強く，したがって事前にサービスの品質を評価することが困難であり，購買にはいくつかのリスクが伴うことも多い。したがって，物的環境要素を示すことすなわち有形の手がかりを示すことがその購買決定において重要となる。

サービス企業は，優れた物的環境要素（有形要素）という手がかりを示すことでこれらのサービスの価値を「見える化」，「視覚化」することが重要な要素

となる。

　これら物的環境要素は，顧客に所定のイメージを与える，顧客や従業員間の
コミュニケーションを促進する，競合する他のサービス企業と差別化し自社の
サービスの価値を強く打ち出す，従業員の所属意識を高めモチベーションを高
めるなどの役割を果たす。

　また，航空や鉄道等の移動サービスやホテルなどの利用に関して，航空券や
乗車券，宿泊の予約システムがある。医療サービスにおいては，その診断の待
ち時間を短縮することを目的とした受診予約システムがある。サービスではこ
うしたシステムも物的環境要素として非常に重要な要素となるものも多い。

7.　提供課程（process）

　顧客は，サービスの提供過程を通じて，そのサービスを経験しその善し悪し
を判断する。顧客満足を高めるためには，提供過程の管理が重要となる。提供
過程はサービスの品質を左右する。サービスでは，結果としての品質だけでは
なく，そのプロセスにおける品質も問われるものが多い。このために，先にも
述べたように，サービスのプロセスを設計し，それをいかに実行するかがポイ
ントとなる。

　サービスの提供過程の検討にあたっては，サービスの過程が標準化されたも
のか，顧客の要求にカスタマイズできるようになったものか，サービスの提供
過程に顧客の参加が求められるのはどの程度かなどが検討される。サービスの
提供過程が標準化されたものであるならば，「品質の安定，スピード」が求め
られるであろうし，顧客の要求にカスタマイズできるということであれば，「顧
客の個別の要求にどこまで応えられるか」が課題となる。サービスの提供過程
に顧客の参加をどの程度求めるのかについては，具体的にはセルフ・サービス
の対応かフル・サービスの対応かあるいはその両者をどう組み合わせるのかな
どといったことが考慮される。

　また，生産と消費が同時に起きること（生産と消費の同時性，不可分性）から生
産と消費をモノのように分離することは難しく，在庫できない。在庫による需

給の調整機能が困難ということは，需要が供給能力を超えた場合，そのサービスを利用できない顧客の不満へとつながる。企業にとっては，機会損失となる。また，供給が需要を上回った場合は，サービスを提供する人員，設備・施設が遊休状態となり無駄な人件費，コストを負担することになる。これを避けるために，その提供過程を需給の変動に対応できるものにすることも重要となる。

　サービスの提供にあたって，迅速性，待ち時間の短縮，営業時間の拡大などをどうするのかも検討すべき課題となる。

第6節　サービス・マーケティングの今後の展開について

　従来の有形財を中心としたモノのマーケティングとサービスを中心としたサービス・マーケティングに分け，その対比においてマーケティングを捉える考え方には限界があるとする指摘がある。バーゴ（Stephen L. Vargo）とラッシュ（Robert F. Lusch）が提唱した「サービス・ドミナント・ロジック」の概念が注目されている。

　これはモノとサービスを2分化して考えるのではなくモノとサービスを一体化した総体として顧客に提供する価値と捉えるものである。モノはサービスを提供する仲立ちを務めるものであり，モノとサービスを包括的，総体的に捉える考え方である。モノとサービスを区分し，そのマーケティングの展開を考慮してきた考えとは異なる。サービス・ドミナント・ロジックでは，消費者は単なる商品やサービスの受け手・買い手ではなく，それらの価値を実現させる最終段階にいる共創者[19]として位置づけられる。顧客をモノやサービスを購入する人という位置づけではなく利用する人として捉えている。

　この概念を注視し，サービス・マーケティングの展開を見定めていくことも問われている。

注

(1) 内閣府経済社会総合研究所国民経済計算部「平成 30 年度国民経済計算年次推計（フロー編）ポイント」（令和元年 12 月 26 日）https://www.esri.cao.go.jp/jp/sna/data/data_list/kakuhou/files/h30/sankou/pdf/point_flow_jp_20191226.pdf（2019 年 12 月 27 日取得）

(2) 総務省・経済産業省「平成 28 年経済センサス―活動調査（確報）産業横断的集計結果の概要」（平成 30 年 6 月 28 日）https://www.stat.go.jp/data/e-census/2016/kekka/pdf/k_gaiyo.pdf　（2019 年 12 月 27 日取得）

(3) 総務省統計局「平成 30 年労働力調査年報　平成 30 年平均結果の概要」http://www.stat.go.jp/data/roudou/report/2018/pdf/summary1.pdf（2019 年 12 月 27 日取得）

(4) 消費者庁編『平成 30 年版 消費者白書』勝美印刷，2018 年，p.69。

(5) 本章は拙稿，尾碕眞他編『小売業・サービス業のマーケティング』五絃舎，2015 年の第 6 章「サービス概念」1 〜 2 節，第 7 章「サービス・マーケティング」をもとに改稿したものである。

(6) 近藤隆雄『サービス・マーケティング（第 2 版）』生産性出版，2010 年，pp.50-52。

(7) 同上書，pp.51-52。

(8) Committee on Definitions, Marketing Definitions : A Glossary of Marketing Teams, American Marketing Association,1963(reprint), p.21.

(9) 三上富三郎『現代商品知識』同友館 ,1990 年，p.81 を一部加筆し引用。

(10) モノとサービスの特性の違いに基づいて , マーケティングの展開を考える枠組みは , 無形性（Intangibility），生産と消費の同時性（Inseparability），異質性（Heterogeneity），消滅性（Perishability）の 4 つの頭文字をとって IHIP と呼ばれることがある。これら 4 つの特性は , サービスの基本特性として多くの論文に共通してあげられている。

(11) 佐和隆光編『サービス化経済入門』中央公論社，1990 年，p.18。

(12) ここでは一般化する意味で顧客という表現で示している。もちろん，医療サービス，教育サービスなど顧客という表現がふさわしくないサービス分野がある。

(13) Shostack,G.L.“Designing Services That Deliver,” *Harvard Business Reviw*, 62(1), 1992, pp.133-139.

(14) DIAMOND ハーバード・ビジネス・レビュー編集部編・訳『いかに「サービス」を収益化するか』ダイヤモンド社，2005 年，p.6。

(15) 近藤隆雄『サービス・マーケティング（第 2 版）』生産性出版，2010 年，pp.192-197。

(16) 同上書，p.195。

(17) Lovelock, C. and Wirtz, J. (2007), *Services Marketing*, Prentice-Hall.（白

井義男監修, 武田玲子訳『ラブロック & ウィルツのサービス・マーケティング』ピアソン・エデュケーション, 2008 年, p.143)

(18) サービスを使用する権利がチケット化されて, その使用権が流通する場合には, サービスにおいても間接流通が存在する。

(19) 井上崇通, 村松潤一編著『サービスドミナントロジック』同文舘, 2010 年, pp.3-4。

参考文献

近藤隆雄『サービス・マーケティング (第 2 版)』生産性出版, 2010 年

草野素雄『入門　マーケティング論 (第 3 版)』八千代出版, 2011 年。

武井寿, 岡本慶一他『現代マーケティング論』実教出版, 2006 年。

西尾チズル編著『マーケティングの基礎と潮流』八千代出版, 2007 年。

Lovelock, C. and Wirtz, J., (2007), *Services Marketing*, Prentice-Hall. (白井義男監修, 武田玲子訳『ラブロック & ウィルツのサービス・マーケティング』ピアソン・エデュケーション, 2008 年)

和田充夫, 恩蔵直人, 三浦俊彦『マーケティング戦略 (第 4 版)』有斐閣, 2012 年。

（脇田弘久）

索　　引

執筆者紹介（執筆順。＊は編者）

尾碕　眞（おざき　まこと）
　愛知学院大学大学院商学研究科客員教授
　博士（商学）
　第1章・第2章・第3章（第2節）担当

脇田弘久＊（わきた　ひろひさ）
　愛知学院大学商学部教授，大学院商学研究科教授
　第3章（第1節）・第7章・第9章担当

松本義宏（まつもと　よしひろ）
　名古屋外国語大学 現代国際学部非常勤講師
　第3章（第3節）・第6章担当

伊藤万知子（いとう　まちこ）
　愛知産業大学経営学部教授
　第4章担当

岡本　純＊（おかもと　じゅん）
　名古屋学院大学商学部教授，大学院経済経営研究科教授
　第5章・第8章担当

マーケティング論

2017 年 3 月 25 日　第 1 刷発行
2020 年 3 月 25 日　新訂版発行

編著者：岡本　純・脇田弘久
発行者：長谷 雅春
発行所：株式会社五絃舎
　　　　〒 173-0025　東京都板橋区熊野町 46-7-402
　　　　Tel & Fax：03-3957-5587
　　　　e-mail：gogensya@db3.so-net.ne.jp
組　版：Office Five Strings
印　刷：モリモト印刷
ISBN978-4-86434-113-4
Printed In Japan　検印省略　ⓒ　2020